Subtraction Facts Practice Worksheets

Arithmetic Workbook with Answers

Reproducible Timed Math Drills:

Subtracting the Numbers 0-20

Anne Fairbanks

Simple No-Frills Math Sheets

Subtraction Facts Practice Worksheets Arithmetic Workbook with Answers

Reproducible Timed Math Drills: Subtracting the Numbers 0-20

copyright (c) 2011

Anne Fairbanks

Simple No-Frills Math Sheets

Children > Nonfiction > Education > Math > Arithmetic

First edition and first printing in December 2011

ISBN-10:   1468138804   ISBN-13:   978-1468138801

TABLE OF CONTENTS

INTRODUCTION

- This workbook consists of 100 basic subtraction facts worksheets.

- These subtraction drills help to develop fluency in arithmetic.

- All problems involve the numbers 0 thru 20.

- Record the score and time at the top of each worksheet.

- Try to improve your score and time as you continue.

- Check your answers at the back of the workbook.

- Each exercise is numbered for easy reference.

- Teachers may reproduce selected worksheets for their students.

- Includes space for students to write their name at the top.

①
$$\begin{array}{r} 7 \\ -\ 1 \\ \hline \end{array}$$

②
$$\begin{array}{r} 11 \\ -\ 1 \\ \hline \end{array}$$

③
$$\begin{array}{r} 9 \\ -\ 1 \\ \hline \end{array}$$

④
$$\begin{array}{r} 5 \\ -\ 1 \\ \hline \end{array}$$

⑤
$$\begin{array}{r} 6 \\ -\ 1 \\ \hline \end{array}$$

⑥
$$\begin{array}{r} 2 \\ -\ 1 \\ \hline \end{array}$$

⑦
$$\begin{array}{r} 6 \\ -\ 1 \\ \hline \end{array}$$

⑧
$$\begin{array}{r} 1 \\ -\ 1 \\ \hline \end{array}$$

⑨
$$\begin{array}{r} 4 \\ -\ 1 \\ \hline \end{array}$$

⑩
$$\begin{array}{r} 3 \\ -\ 1 \\ \hline \end{array}$$

⑪
$$\begin{array}{r} 9 \\ -\ 1 \\ \hline \end{array}$$

⑫
$$\begin{array}{r} 6 \\ -\ 1 \\ \hline \end{array}$$

⑬
$$\begin{array}{r} 5 \\ -\ 1 \\ \hline \end{array}$$

⑭
$$\begin{array}{r} 1 \\ -\ 1 \\ \hline \end{array}$$

⑮
$$\begin{array}{r} 9 \\ -\ 1 \\ \hline \end{array}$$

⑯
$$\begin{array}{r} 8 \\ -\ 1 \\ \hline \end{array}$$

⑰
$$\begin{array}{r} 11 \\ -\ 1 \\ \hline \end{array}$$

⑱
$$\begin{array}{r} 1 \\ -\ 1 \\ \hline \end{array}$$

⑲
$$\begin{array}{r} 1 \\ -\ 1 \\ \hline \end{array}$$

⑳
$$\begin{array}{r} 10 \\ -\ 1 \\ \hline \end{array}$$

㉑
$$\begin{array}{r} 2 \\ -\ 1 \\ \hline \end{array}$$

㉒
$$\begin{array}{r} 1 \\ -\ 1 \\ \hline \end{array}$$

㉓
$$\begin{array}{r} 9 \\ -\ 1 \\ \hline \end{array}$$

㉔
$$\begin{array}{r} 9 \\ -\ 1 \\ \hline \end{array}$$

㉕
$$\begin{array}{r} 1 \\ -\ 1 \\ \hline \end{array}$$

㉖
$$\begin{array}{r} 2 \\ -\ 1 \\ \hline \end{array}$$

㉗
$$\begin{array}{r} 8 \\ -\ 1 \\ \hline \end{array}$$

㉘
$$\begin{array}{r} 8 \\ -\ 1 \\ \hline \end{array}$$

㉙
$$\begin{array}{r} 6 \\ -\ 1 \\ \hline \end{array}$$

㉚
$$\begin{array}{r} 1 \\ -\ 1 \\ \hline \end{array}$$

㉛
$$\begin{array}{r} 8 \\ -\ 1 \\ \hline \end{array}$$

㉜
$$\begin{array}{r} 9 \\ -\ 1 \\ \hline \end{array}$$

㉝
$$\begin{array}{r} 10 \\ -\ 1 \\ \hline \end{array}$$

㉞
$$\begin{array}{r} 5 \\ -\ 1 \\ \hline \end{array}$$

㉟
$$\begin{array}{r} 7 \\ -\ 1 \\ \hline \end{array}$$

①
$$\begin{array}{r} 5 \\ -\ 1 \\ \hline \end{array}$$

②
$$\begin{array}{r} 11 \\ -\ 1 \\ \hline \end{array}$$

③
$$\begin{array}{r} 4 \\ -\ 1 \\ \hline \end{array}$$

④
$$\begin{array}{r} 5 \\ -\ 1 \\ \hline \end{array}$$

⑤
$$\begin{array}{r} 4 \\ -\ 1 \\ \hline \end{array}$$

⑥
$$\begin{array}{r} 10 \\ -\ 1 \\ \hline \end{array}$$

⑦
$$\begin{array}{r} 1 \\ -\ 1 \\ \hline \end{array}$$

⑧
$$\begin{array}{r} 2 \\ -\ 1 \\ \hline \end{array}$$

⑨
$$\begin{array}{r} 9 \\ -\ 1 \\ \hline \end{array}$$

⑩
$$\begin{array}{r} 3 \\ -\ 1 \\ \hline \end{array}$$

⑪
$$\begin{array}{r} 6 \\ -\ 1 \\ \hline \end{array}$$

⑫
$$\begin{array}{r} 2 \\ -\ 1 \\ \hline \end{array}$$

⑬
$$\begin{array}{r} 11 \\ -\ 1 \\ \hline \end{array}$$

⑭
$$\begin{array}{r} 10 \\ -\ 1 \\ \hline \end{array}$$

⑮
$$\begin{array}{r} 7 \\ -\ 1 \\ \hline \end{array}$$

⑯
$$\begin{array}{r} 8 \\ -\ 1 \\ \hline \end{array}$$

⑰
$$\begin{array}{r} 10 \\ -\ 1 \\ \hline \end{array}$$

⑱
$$\begin{array}{r} 4 \\ -\ 1 \\ \hline \end{array}$$

⑲
$$\begin{array}{r} 7 \\ -\ 1 \\ \hline \end{array}$$

⑳
$$\begin{array}{r} 8 \\ -\ 1 \\ \hline \end{array}$$

㉑
$$\begin{array}{r} 10 \\ -\ 1 \\ \hline \end{array}$$

㉒
$$\begin{array}{r} 1 \\ -\ 1 \\ \hline \end{array}$$

㉓
$$\begin{array}{r} 1 \\ -\ 1 \\ \hline \end{array}$$

㉔
$$\begin{array}{r} 3 \\ -\ 1 \\ \hline \end{array}$$

㉕
$$\begin{array}{r} 11 \\ -\ 1 \\ \hline \end{array}$$

㉖
$$\begin{array}{r} 1 \\ -\ 1 \\ \hline \end{array}$$

㉗
$$\begin{array}{r} 10 \\ -\ 1 \\ \hline \end{array}$$

㉘
$$\begin{array}{r} 4 \\ -\ 1 \\ \hline \end{array}$$

㉙
$$\begin{array}{r} 4 \\ -\ 1 \\ \hline \end{array}$$

㉚
$$\begin{array}{r} 10 \\ -\ 1 \\ \hline \end{array}$$

㉛
$$\begin{array}{r} 6 \\ -\ 1 \\ \hline \end{array}$$

㉜
$$\begin{array}{r} 11 \\ -\ 1 \\ \hline \end{array}$$

㉝
$$\begin{array}{r} 5 \\ -\ 1 \\ \hline \end{array}$$

㉞
$$\begin{array}{r} 2 \\ -\ 1 \\ \hline \end{array}$$

㉟
$$\begin{array}{r} 2 \\ -\ 1 \\ \hline \end{array}$$

①
```
  11
-  2
____
```

②
```
  10
-  2
____
```

③
```
   6
-  2
____
```

④
```
   6
-  2
____
```

⑤
```
   3
-  2
____
```

⑥
```
   8
-  2
____
```

⑦
```
   8
-  2
____
```

⑧
```
   9
-  2
____
```

⑨
```
   4
-  2
____
```

⑩
```
  11
-  2
____
```

⑪
```
   4
-  2
____
```

⑫
```
   7
-  2
____
```

⑬
```
   3
-  2
____
```

⑭
```
   9
-  2
____
```

⑮
```
  12
-  2
____
```

⑯
```
   9
-  2
____
```

⑰
```
   7
-  2
____
```

⑱
```
   4
-  2
____
```

⑲
```
   7
-  2
____
```

⑳
```
  10
-  2
____
```

㉑
```
  11
-  2
____
```

㉒
```
   2
-  2
____
```

㉓
```
   5
-  2
____
```

㉔
```
   2
-  2
____
```

㉕
```
   8
-  2
____
```

㉖
```
  12
-  2
____
```

㉗
```
   5
-  2
____
```

㉘
```
   4
-  2
____
```

㉙
```
  11
-  2
____
```

㉚
```
   8
-  2
____
```

㉛
```
   8
-  2
____
```

㉜
```
   6
-  2
____
```

㉝
```
   7
-  2
____
```

㉞
```
   6
-  2
____
```

㉟
```
   2
-  2
____
```

①
```
    6
-   2
_____
```

②
```
    9
-   2
_____
```

③
```
    7
-   2
_____
```

④
```
    2
-   2
_____
```

⑤
```
    5
-   2
_____
```

⑥
```
    5
-   2
_____
```

⑦
```
   11
-   2
_____
```

⑧
```
   10
-   2
_____
```

⑨
```
    8
-   2
_____
```

⑩
```
    2
-   2
_____
```

⑪
```
    2
-   2
_____
```

⑫
```
    9
-   2
_____
```

⑬
```
    7
-   2
_____
```

⑭
```
    5
-   2
_____
```

⑮
```
    3
-   2
_____
```

⑯
```
    6
-   2
_____
```

⑰
```
   12
-   2
_____
```

⑱
```
    4
-   2
_____
```

⑲
```
    6
-   2
_____
```

⑳
```
    4
-   2
_____
```

㉑
```
   12
-   2
_____
```

㉒
```
    8
-   2
_____
```

㉓
```
    9
-   2
_____
```

㉔
```
    4
-   2
_____
```

㉕
```
   10
-   2
_____
```

㉖
```
   12
-   2
_____
```

㉗
```
   10
-   2
_____
```

㉘
```
    3
-   2
_____
```

㉙
```
    2
-   2
_____
```

㉚
```
   11
-   2
_____
```

㉛
```
   12
-   2
_____
```

㉜
```
    5
-   2
_____
```

㉝
```
    6
-   2
_____
```

㉞
```
   11
-   2
_____
```

㉟
```
   11
-   2
_____
```

①
10
− 3

②
12
− 3

③
8
− 3

④
4
− 3

⑤
5
− 3

⑥
13
− 3

⑦
9
− 3

⑧
12
− 3

⑨
6
− 3

⑩
13
− 3

⑪
4
− 3

⑫
4
− 3

⑬
3
− 3

⑭
6
− 3

⑮
5
− 3

⑯
9
− 3

⑰
12
− 3

⑱
9
− 3

⑲
3
− 3

⑳
13
− 3

㉑
9
− 3

㉒
9
− 3

㉓
10
− 3

㉔
9
− 3

㉕
11
− 3

㉖
3
− 3

㉗
7
− 3

㉘
3
− 3

㉙
12
− 3

㉚
12
− 3

㉛
8
− 3

㉜
8
− 3

㉝
9
− 3

㉞
3
− 3

㉟
13
− 3

①
```
    9
-   3
____
```

②
```
   13
-   3
____
```

③
```
   11
-   3
____
```

④
```
   12
-   3
____
```

⑤
```
   13
-   3
____
```

⑥
```
   13
-   3
____
```

⑦
```
    9
-   3
____
```

⑧
```
    9
-   3
____
```

⑨
```
   10
-   3
____
```

⑩
```
    6
-   3
____
```

⑪
```
    3
-   3
____
```

⑫
```
    7
-   3
____
```

⑬
```
    5
-   3
____
```

⑭
```
    8
-   3
____
```

⑮
```
    9
-   3
____
```

⑯
```
    6
-   3
____
```

⑰
```
    6
-   3
____
```

⑱
```
   11
-   3
____
```

⑲
```
    3
-   3
____
```

⑳
```
    6
-   3
____
```

㉑
```
    6
-   3
____
```

㉒
```
   11
-   3
____
```

㉓
```
    3
-   3
____
```

㉔
```
   12
-   3
____
```

㉕
```
    5
-   3
____
```

㉖
```
    7
-   3
____
```

㉗
```
   12
-   3
____
```

㉘
```
    9
-   3
____
```

㉙
```
    4
-   3
____
```

㉚
```
    5
-   3
____
```

㉛
```
    6
-   3
____
```

㉜
```
   12
-   3
____
```

㉝
```
    3
-   3
____
```

㉞
```
   10
-   3
____
```

㉟
```
   12
-   3
____
```

①
```
  12
-  4
----
```

②
```
   5
-  4
----
```

③
```
  13
-  4
----
```

④
```
  14
-  4
----
```

⑤
```
  10
-  4
----
```

⑥
```
   5
-  4
----
```

⑦
```
   6
-  4
----
```

⑧
```
  12
-  4
----
```

⑨
```
   4
-  4
----
```

⑩
```
  11
-  4
----
```

⑪
```
   5
-  4
----
```

⑫
```
   6
-  4
----
```

⑬
```
  13
-  4
----
```

⑭
```
   7
-  4
----
```

⑮
```
   6
-  4
----
```

⑯
```
  11
-  4
----
```

⑰
```
   8
-  4
----
```

⑱
```
   9
-  4
----
```

⑲
```
   9
-  4
----
```

⑳
```
  14
-  4
----
```

㉑
```
  12
-  4
----
```

㉒
```
  11
-  4
----
```

㉓
```
  11
-  4
----
```

㉔
```
   5
-  4
----
```

㉕
```
   4
-  4
----
```

㉖
```
  12
-  4
----
```

㉗
```
  12
-  4
----
```

㉘
```
   8
-  4
----
```

㉙
```
  10
-  4
----
```

㉚
```
  11
-  4
----
```

㉛
```
   9
-  4
----
```

㉜
```
  13
-  4
----
```

㉝
```
  11
-  4
----
```

㉞
```
   8
-  4
----
```

㉟
```
   7
-  4
----
```

①
```
   11
-   4
─────
```

②
```
   13
-   4
─────
```

③
```
    9
-   4
─────
```

④
```
   11
-   4
─────
```

⑤
```
   10
-   4
─────
```

⑥
```
    7
-   4
─────
```

⑦
```
    8
-   4
─────
```

⑧
```
   12
-   4
─────
```

⑨
```
    4
-   4
─────
```

⑩
```
   12
-   4
─────
```

⑪
```
    8
-   4
─────
```

⑫
```
    5
-   4
─────
```

⑬
```
   13
-   4
─────
```

⑭
```
   11
-   4
─────
```

⑮
```
   14
-   4
─────
```

⑯
```
   12
-   4
─────
```

⑰
```
    4
-   4
─────
```

⑱
```
    7
-   4
─────
```

⑲
```
   10
-   4
─────
```

⑳
```
    4
-   4
─────
```

㉑
```
    5
-   4
─────
```

㉒
```
   12
-   4
─────
```

㉓
```
    6
-   4
─────
```

㉔
```
    8
-   4
─────
```

㉕
```
    4
-   4
─────
```

㉖
```
   14
-   4
─────
```

㉗
```
    4
-   4
─────
```

㉘
```
    6
-   4
─────
```

㉙
```
    5
-   4
─────
```

㉚
```
   10
-   4
─────
```

㉛
```
    5
-   4
─────
```

㉜
```
   14
-   4
─────
```

㉝
```
   10
-   4
─────
```

㉞
```
    9
-   4
─────
```

㉟
```
    5
-   4
─────
```

①
    8
-   5
_____

②
    8
-   5
_____

③
    7
-   5
_____

④
   11
-   5
_____

⑤
    7
-   5
_____

⑥
    8
-   5
_____

⑦
   11
-   5
_____

⑧
    9
-   5
_____

⑨
   11
-   5
_____

⑩
   10
-   5
_____

⑪
   15
-   5
_____

⑫
    5
-   5
_____

⑬
    7
-   5
_____

⑭
    7
-   5
_____

⑮
    8
-   5
_____

⑯
   13
-   5
_____

⑰
   10
-   5
_____

⑱
   15
-   5
_____

⑲
    7
-   5
_____

⑳
    7
-   5
_____

㉑
   10
-   5
_____

㉒
   14
-   5
_____

㉓
   13
-   5
_____

㉔
   11
-   5
_____

㉕
   14
-   5
_____

㉖
   15
-   5
_____

㉗
    9
-   5
_____

㉘
    6
-   5
_____

㉙
   13
-   5
_____

㉚
   12
-   5
_____

㉛
    5
-   5
_____

㉜
    7
-   5
_____

㉝
   10
-   5
_____

㉞
    9
-   5
_____

㉟
   10
-   5
_____

①
  7
− 5

②
  13
− 5

③
  7
− 5

④
  9
− 5

⑤
  7
− 5

⑥
  15
− 5

⑦
  11
− 5

⑧
  15
− 5

⑨
  14
− 5

⑩
  15
− 5

⑪
  11
− 5

⑫
  9
− 5

⑬
  14
− 5

⑭
  10
− 5

⑮
  10
− 5

⑯
  15
− 5

⑰
  11
− 5

⑱
  10
− 5

⑲
  6
− 5

⑳
  13
− 5

㉑
  12
− 5

㉒
  7
− 5

㉓
  11
− 5

㉔
  5
− 5

㉕
  8
− 5

㉖
  14
− 5

㉗
  15
− 5

㉘
  5
− 5

㉙
  6
− 5

㉚
  8
− 5

㉛
  7
− 5

㉜
  10
− 5

㉝
  15
− 5

㉞
  10
− 5

㉟
  13
− 5

①
```
  11
-  6
____
```

②
```
  12
-  6
____
```

③
```
  10
-  6
____
```

④
```
   6
-  6
____
```

⑤
```
  14
-  6
____
```

⑥
```
  16
-  6
____
```

⑦
```
  10
-  6
____
```

⑧
```
   7
-  6
____
```

⑨
```
   8
-  6
____
```

⑩
```
  16
-  6
____
```

⑪
```
   6
-  6
____
```

⑫
```
  11
-  6
____
```

⑬
```
  14
-  6
____
```

⑭
```
  10
-  6
____
```

⑮
```
  14
-  6
____
```

⑯
```
  14
-  6
____
```

⑰
```
  11
-  6
____
```

⑱
```
  16
-  6
____
```

⑲
```
   8
-  6
____
```

⑳
```
   7
-  6
____
```

㉑
```
  12
-  6
____
```

㉒
```
  13
-  6
____
```

㉓
```
  10
-  6
____
```

㉔
```
  10
-  6
____
```

㉕
```
   7
-  6
____
```

㉖
```
  16
-  6
____
```

㉗
```
  12
-  6
____
```

㉘
```
  10
-  6
____
```

㉙
```
  10
-  6
____
```

㉚
```
   7
-  6
____
```

㉛
```
  13
-  6
____
```

㉜
```
   6
-  6
____
```

㉝
```
  14
-  6
____
```

㉞
```
  13
-  6
____
```

㉟
```
   9
-  6
____
```

① 15 − 6

② 13 − 6

③ 11 − 6

④ 6 − 6

⑤ 13 − 6

⑥ 7 − 6

⑦ 14 − 6

⑧ 11 − 6

⑨ 15 − 6

⑩ 8 − 6

⑪ 11 − 6

⑫ 14 − 6

⑬ 13 − 6

⑭ 16 − 6

⑮ 15 − 6

⑯ 10 − 6

⑰ 10 − 6

⑱ 7 − 6

⑲ 9 − 6

⑳ 11 − 6

㉑ 8 − 6

㉒ 8 − 6

㉓ 13 − 6

㉔ 7 − 6

㉕ 6 − 6

㉖ 11 − 6

㉗ 9 − 6

㉘ 16 − 6

㉙ 6 − 6

㉚ 8 − 6

㉛ 16 − 6

㉜ 16 − 6

㉝ 10 − 6

㉞ 13 − 6

㉟ 11 − 6

①
11
- 7

②
13
- 7

③
17
- 7

④
17
- 7

⑤
12
- 7

⑥
7
- 7

⑦
16
- 7

⑧
9
- 7

⑨
11
- 7

⑩
11
- 7

⑪
13
- 7

⑫
17
- 7

⑬
10
- 7

⑭
9
- 7

⑮
7
- 7

⑯
16
- 7

⑰
12
- 7

⑱
7
- 7

⑲
10
- 7

⑳
14
- 7

㉑
13
- 7

㉒
13
- 7

㉓
11
- 7

㉔
11
- 7

㉕
10
- 7

㉖
8
- 7

㉗
14
- 7

㉘
15
- 7

㉙
8
- 7

㉚
14
- 7

㉛
10
- 7

㉜
15
- 7

㉝
8
- 7

㉞
8
- 7

㉟
11
- 7

①
```
  10
-  7
```

②
```
  17
-  7
```

③
```
  10
-  7
```

④
```
   7
-  7
```

⑤
```
   7
-  7
```

⑥
```
  17
-  7
```

⑦
```
  16
-  7
```

⑧
```
   9
-  7
```

⑨
```
   9
-  7
```

⑩
```
  10
-  7
```

⑪
```
  17
-  7
```

⑫
```
  11
-  7
```

⑬
```
   8
-  7
```

⑭
```
  16
-  7
```

⑮
```
   8
-  7
```

⑯
```
   7
-  7
```

⑰
```
  14
-  7
```

⑱
```
  15
-  7
```

⑲
```
  15
-  7
```

⑳
```
   9
-  7
```

㉑
```
   7
-  7
```

㉒
```
  12
-  7
```

㉓
```
  17
-  7
```

㉔
```
  10
-  7
```

㉕
```
   7
-  7
```

㉖
```
  12
-  7
```

㉗
```
  11
-  7
```

㉘
```
  12
-  7
```

㉙
```
   8
-  7
```

㉚
```
   8
-  7
```

㉛
```
  12
-  7
```

㉜
```
   9
-  7
```

㉝
```
  10
-  7
```

㉞
```
  10
-  7
```

㉟
```
  17
-  7
```

① 11 − 8

② 15 − 8

③ 16 − 8

④ 18 − 8

⑤ 9 − 8

⑥ 15 − 8

⑦ 15 − 8

⑧ 18 − 8

⑨ 10 − 8

⑩ 17 − 8

⑪ 13 − 8

⑫ 18 − 8

⑬ 16 − 8

⑭ 12 − 8

⑮ 16 − 8

⑯ 13 − 8

⑰ 14 − 8

⑱ 17 − 8

⑲ 8 − 8

⑳ 12 − 8

㉑ 9 − 8

㉒ 16 − 8

㉓ 14 − 8

㉔ 16 − 8

㉕ 8 − 8

㉖ 11 − 8

㉗ 18 − 8

㉘ 10 − 8

㉙ 13 − 8

㉚ 17 − 8

㉛ 12 − 8

㉜ 16 − 8

㉝ 9 − 8

㉞ 18 − 8

㉟ 14 − 8

① 9 − 8

② 11 − 8

③ 17 − 8

④ 12 − 8

⑤ 17 − 8

⑥ 9 − 8

⑦ 8 − 8

⑧ 18 − 8

⑨ 13 − 8

⑩ 15 − 8

⑪ 18 − 8

⑫ 18 − 8

⑬ 17 − 8

⑭ 12 − 8

⑮ 13 − 8

⑯ 16 − 8

⑰ 10 − 8

⑱ 10 − 8

⑲ 9 − 8

⑳ 10 − 8

㉑ 16 − 8

㉒ 8 − 8

㉓ 10 − 8

㉔ 11 − 8

㉕ 12 − 8

㉖ 11 − 8

㉗ 12 − 8

㉘ 16 − 8

㉙ 14 − 8

㉚ 13 − 8

㉛ 13 − 8

㉜ 14 − 8

㉝ 8 − 8

㉞ 13 − 8

㉟ 13 − 8

①
```
  18
-  9
```

②
```
  17
-  9
```

③
```
  19
-  9
```

④
```
  17
-  9
```

⑤
```
  19
-  9
```

⑥
```
  10
-  9
```

⑦
```
  15
-  9
```

⑧
```
  14
-  9
```

⑨
```
  15
-  9
```

⑩
```
  12
-  9
```

⑪
```
  11
-  9
```

⑫
```
  13
-  9
```

⑬
```
  12
-  9
```

⑭
```
  14
-  9
```

⑮
```
  10
-  9
```

⑯
```
  14
-  9
```

⑰
```
  12
-  9
```

⑱
```
  19
-  9
```

⑲
```
  11
-  9
```

⑳
```
  13
-  9
```

㉑
```
  15
-  9
```

㉒
```
  11
-  9
```

㉓
```
  17
-  9
```

㉔
```
  11
-  9
```

㉕
```
  12
-  9
```

㉖
```
  10
-  9
```

㉗
```
  15
-  9
```

㉘
```
  12
-  9
```

㉙
```
   9
-  9
```

㉚
```
  16
-  9
```

㉛
```
  18
-  9
```

㉜
```
  19
-  9
```

㉝
```
  15
-  9
```

㉞
```
  15
-  9
```

㉟
```
  19
-  9
```

①
```
  15
-  9
────
```

②
```
  15
-  9
────
```

③
```
  13
-  9
────
```

④
```
  10
-  9
────
```

⑤
```
  18
-  9
────
```

⑥
```
  11
-  9
────
```

⑦
```
  15
-  9
────
```

⑧
```
  13
-  9
────
```

⑨
```
  13
-  9
────
```

⑩
```
  15
-  9
────
```

⑪
```
  11
-  9
────
```

⑫
```
  13
-  9
────
```

⑬
```
  15
-  9
────
```

⑭
```
  19
-  9
────
```

⑮
```
  16
-  9
────
```

⑯
```
  15
-  9
────
```

⑰
```
  11
-  9
────
```

⑱
```
  17
-  9
────
```

⑲
```
  14
-  9
────
```

⑳
```
  13
-  9
────
```

㉑
```
  11
-  9
────
```

㉒
```
  10
-  9
────
```

㉓
```
   9
-  9
────
```

㉔
```
  14
-  9
────
```

㉕
```
  15
-  9
────
```

㉖
```
  19
-  9
────
```

㉗
```
  12
-  9
────
```

㉘
```
  13
-  9
────
```

㉙
```
   9
-  9
────
```

㉚
```
  14
-  9
────
```

㉛
```
  10
-  9
────
```

㉜
```
  12
-  9
────
```

㉝
```
  10
-  9
────
```

㉞
```
  18
-  9
────
```

㉟
```
  13
-  9
────
```

①
10
- 10

②
13
- 10

③
14
- 10

④
13
- 10

⑤
18
- 10

⑥
14
- 10

⑦
20
- 10

⑧
10
- 10

⑨
19
- 10

⑩
16
- 10

⑪
20
- 10

⑫
11
- 10

⑬
13
- 10

⑭
17
- 10

⑮
19
- 10

⑯
10
- 10

⑰
14
- 10

⑱
14
- 10

⑲
15
- 10

⑳
15
- 10

㉑
10
- 10

㉒
19
- 10

㉓
19
- 10

㉔
16
- 10

㉕
14
- 10

㉖
18
- 10

㉗
20
- 10

㉘
20
- 10

㉙
14
- 10

㉚
11
- 10

㉛
15
- 10

㉜
12
- 10

㉝
19
- 10

㉞
10
- 10

㉟
13
- 10

①
```
  10
- 10
```

②
```
  14
- 10
```

③
```
  16
- 10
```

④
```
  14
- 10
```

⑤
```
  17
- 10
```

⑥
```
  15
- 10
```

⑦
```
  17
- 10
```

⑧
```
  15
- 10
```

⑨
```
  20
- 10
```

⑩
```
  16
- 10
```

⑪
```
  18
- 10
```

⑫
```
  19
- 10
```

⑬
```
  20
- 10
```

⑭
```
  19
- 10
```

⑮
```
  10
- 10
```

⑯
```
  17
- 10
```

⑰
```
  10
- 10
```

⑱
```
  19
- 10
```

⑲
```
  18
- 10
```

⑳
```
  12
- 10
```

㉑
```
  19
- 10
```

㉒
```
  11
- 10
```

㉓
```
  11
- 10
```

㉔
```
  17
- 10
```

㉕
```
  10
- 10
```

㉖
```
  10
- 10
```

㉗
```
  14
- 10
```

㉘
```
  16
- 10
```

㉙
```
  15
- 10
```

㉚
```
  11
- 10
```

㉛
```
  10
- 10
```

㉜
```
  14
- 10
```

㉝
```
  19
- 10
```

㉞
```
  14
- 10
```

㉟
```
  14
- 10
```

①
```
    16
-   10
_____
```

②
```
    11
-   10
_____
```

③
```
     7
-    0
_____
```

④
```
    11
-    5
_____
```

⑤
```
    14
-    7
_____
```

⑥
```
     3
-    2
_____
```

⑦
```
    10
-    8
_____
```

⑧
```
    15
-    6
_____
```

⑨
```
     8
-    2
_____
```

⑩
```
     7
-    3
_____
```

⑪
```
     4
-    0
_____
```

⑫
```
     7
-    3
_____
```

⑬
```
     6
-    2
_____
```

⑭
```
    10
-    6
_____
```

⑮
```
     6
-    3
_____
```

⑯
```
     7
-    3
_____
```

⑰
```
    12
-    7
_____
```

⑱
```
     9
-    6
_____
```

⑲
```
    12
-    8
_____
```

⑳
```
    10
-    7
_____
```

㉑
```
    11
-    9
_____
```

㉒
```
     9
-    0
_____
```

㉓
```
    12
-    5
_____
```

㉔
```
    12
-    4
_____
```

㉕
```
     4
-    3
_____
```

㉖
```
    11
-   10
_____
```

㉗
```
     6
-    0
_____
```

㉘
```
    10
-    2
_____
```

㉙
```
    14
-    4
_____
```

㉚
```
     8
-    5
_____
```

㉛
```
     1
-    1
_____
```

㉜
```
    12
-    6
_____
```

㉝
```
     8
-    2
_____
```

㉞
```
    10
-    1
_____
```

㉟
```
     7
-    7
_____
```

①
$$\begin{array}{r} 6 \\ - \ 5 \\ \hline \end{array}$$

②
$$\begin{array}{r} 9 \\ - \ 3 \\ \hline \end{array}$$

③
$$\begin{array}{r} 13 \\ - \ 6 \\ \hline \end{array}$$

④
$$\begin{array}{r} 11 \\ - \ 10 \\ \hline \end{array}$$

⑤
$$\begin{array}{r} 15 \\ - \ 6 \\ \hline \end{array}$$

⑥
$$\begin{array}{r} 7 \\ - \ 6 \\ \hline \end{array}$$

⑦
$$\begin{array}{r} 6 \\ - \ 6 \\ \hline \end{array}$$

⑧
$$\begin{array}{r} 20 \\ - \ 10 \\ \hline \end{array}$$

⑨
$$\begin{array}{r} 10 \\ - \ 7 \\ \hline \end{array}$$

⑩
$$\begin{array}{r} 7 \\ - \ 1 \\ \hline \end{array}$$

⑪
$$\begin{array}{r} 12 \\ - \ 10 \\ \hline \end{array}$$

⑫
$$\begin{array}{r} 8 \\ - \ 0 \\ \hline \end{array}$$

⑬
$$\begin{array}{r} 16 \\ - \ 10 \\ \hline \end{array}$$

⑭
$$\begin{array}{r} 8 \\ - \ 1 \\ \hline \end{array}$$

⑮
$$\begin{array}{r} 18 \\ - \ 10 \\ \hline \end{array}$$

⑯
$$\begin{array}{r} 11 \\ - \ 7 \\ \hline \end{array}$$

⑰
$$\begin{array}{r} 15 \\ - \ 8 \\ \hline \end{array}$$

⑱
$$\begin{array}{r} 4 \\ - \ 1 \\ \hline \end{array}$$

⑲
$$\begin{array}{r} 15 \\ - \ 5 \\ \hline \end{array}$$

⑳
$$\begin{array}{r} 8 \\ - \ 0 \\ \hline \end{array}$$

㉑
$$\begin{array}{r} 8 \\ - \ 6 \\ \hline \end{array}$$

㉒
$$\begin{array}{r} 13 \\ - \ 8 \\ \hline \end{array}$$

㉓
$$\begin{array}{r} 15 \\ - \ 9 \\ \hline \end{array}$$

㉔
$$\begin{array}{r} 16 \\ - \ 7 \\ \hline \end{array}$$

㉕
$$\begin{array}{r} 13 \\ - \ 4 \\ \hline \end{array}$$

㉖
$$\begin{array}{r} 12 \\ - \ 2 \\ \hline \end{array}$$

㉗
$$\begin{array}{r} 15 \\ - \ 6 \\ \hline \end{array}$$

㉘
$$\begin{array}{r} 14 \\ - \ 5 \\ \hline \end{array}$$

㉙
$$\begin{array}{r} 11 \\ - \ 5 \\ \hline \end{array}$$

㉚
$$\begin{array}{r} 13 \\ - \ 7 \\ \hline \end{array}$$

㉛
$$\begin{array}{r} 14 \\ - \ 10 \\ \hline \end{array}$$

㉜
$$\begin{array}{r} 6 \\ - \ 6 \\ \hline \end{array}$$

㉝
$$\begin{array}{r} 8 \\ - \ 7 \\ \hline \end{array}$$

㉞
$$\begin{array}{r} 13 \\ - \ 10 \\ \hline \end{array}$$

㉟
$$\begin{array}{r} 10 \\ - \ 10 \\ \hline \end{array}$$

①
13
− 3

②
13
− 5

③
3
− 1

④
7
− 4

⑤
13
− 9

⑥
2
− 2

⑦
5
− 1

⑧
7
− 1

⑨
2
− 2

⑩
11
− 1

⑪
13
− 4

⑫
11
− 5

⑬
15
− 8

⑭
12
− 4

⑮
14
− 7

⑯
8
− 2

⑰
10
− 1

⑱
9
− 7

⑲
10
− 6

⑳
4
− 4

㉑
17
− 7

㉒
9
− 2

㉓
9
− 0

㉔
16
− 6

㉕
7
− 0

㉖
6
− 2

㉗
12
− 2

㉘
3
− 1

㉙
14
− 6

㉚
3
− 1

㉛
12
− 9

㉜
2
− 0

㉝
4
− 2

㉞
14
− 8

㉟
5
− 5

Score | Time | Name

①
10
- 5

②
8
- 7

③
16
- 7

④
10
- 4

⑤
7
- 6

⑥
15
- 6

⑦
12
- 8

⑧
12
- 8

⑨
12
- 10

⑩
6
- 2

⑪
11
- 9

⑫
9
- 7

⑬
3
- 0

⑭
9
- 4

⑮
8
- 3

⑯
10
- 3

⑰
19
- 10

⑱
4
- 3

⑲
13
- 3

⑳
17
- 7

㉑
3
- 0

㉒
11
- 8

㉓
13
- 10

㉔
12
- 6

㉕
16
- 6

㉖
11
- 6

㉗
2
- 0

㉘
9
- 3

㉙
13
- 10

㉚
10
- 2

㉛
12
- 8

㉜
7
- 1

㉝
7
- 2

㉞
5
- 2

㉟
1
- 1

①
7
- 4

②
3
- 0

③
6
- 4

④
5
- 5

⑤
6
- 3

⑥
5
- 0

⑦
6
- 4

⑧
9
- 8

⑨
15
- 7

⑩
12
- 8

⑪
8
- 3

⑫
2
- 1

⑬
5
- 0

⑭
6
- 4

⑮
11
- 1

⑯
13
- 7

⑰
13
- 3

⑱
4
- 4

⑲
9
- 3

⑳
17
- 10

㉑
13
- 9

㉒
2
- 0

㉓
8
- 8

㉔
3
- 0

㉕
12
- 5

㉖
14
- 10

㉗
8
- 3

㉘
14
- 7

㉙
5
- 3

㉚
9
- 2

㉛
7
- 0

㉜
7
- 0

㉝
5
- 5

㉞
3
- 1

㉟
12
- 8

①
$$\begin{array}{r} 11 \\ -\ 1 \\ \hline \end{array}$$

②
$$\begin{array}{r} 5 \\ -\ 5 \\ \hline \end{array}$$

③
$$\begin{array}{r} 10 \\ -\ 3 \\ \hline \end{array}$$

④
$$\begin{array}{r} 3 \\ -\ 0 \\ \hline \end{array}$$

⑤
$$\begin{array}{r} 12 \\ -\ 6 \\ \hline \end{array}$$

⑥
$$\begin{array}{r} 10 \\ -\ 3 \\ \hline \end{array}$$

⑦
$$\begin{array}{r} 14 \\ -\ 6 \\ \hline \end{array}$$

⑧
$$\begin{array}{r} 13 \\ -\ 7 \\ \hline \end{array}$$

⑨
$$\begin{array}{r} 7 \\ -\ 4 \\ \hline \end{array}$$

⑩
$$\begin{array}{r} 8 \\ -\ 3 \\ \hline \end{array}$$

⑪
$$\begin{array}{r} 9 \\ -\ 4 \\ \hline \end{array}$$

⑫
$$\begin{array}{r} 9 \\ -\ 4 \\ \hline \end{array}$$

⑬
$$\begin{array}{r} 19 \\ -\ 10 \\ \hline \end{array}$$

⑭
$$\begin{array}{r} 7 \\ -\ 5 \\ \hline \end{array}$$

⑮
$$\begin{array}{r} 6 \\ -\ 2 \\ \hline \end{array}$$

⑯
$$\begin{array}{r} 13 \\ -\ 4 \\ \hline \end{array}$$

⑰
$$\begin{array}{r} 8 \\ -\ 1 \\ \hline \end{array}$$

⑱
$$\begin{array}{r} 14 \\ -\ 7 \\ \hline \end{array}$$

⑲
$$\begin{array}{r} 9 \\ -\ 6 \\ \hline \end{array}$$

⑳
$$\begin{array}{r} 13 \\ -\ 8 \\ \hline \end{array}$$

㉑
$$\begin{array}{r} 13 \\ -\ 9 \\ \hline \end{array}$$

㉒
$$\begin{array}{r} 8 \\ -\ 2 \\ \hline \end{array}$$

㉓
$$\begin{array}{r} 9 \\ -\ 5 \\ \hline \end{array}$$

㉔
$$\begin{array}{r} 16 \\ -\ 10 \\ \hline \end{array}$$

㉕
$$\begin{array}{r} 8 \\ -\ 0 \\ \hline \end{array}$$

㉖
$$\begin{array}{r} 9 \\ -\ 5 \\ \hline \end{array}$$

㉗
$$\begin{array}{r} 7 \\ -\ 1 \\ \hline \end{array}$$

㉘
$$\begin{array}{r} 6 \\ -\ 1 \\ \hline \end{array}$$

㉙
$$\begin{array}{r} 5 \\ -\ 2 \\ \hline \end{array}$$

㉚
$$\begin{array}{r} 15 \\ -\ 9 \\ \hline \end{array}$$

㉛
$$\begin{array}{r} 5 \\ -\ 4 \\ \hline \end{array}$$

㉜
$$\begin{array}{r} 13 \\ -\ 7 \\ \hline \end{array}$$

㉝
$$\begin{array}{r} 12 \\ -\ 7 \\ \hline \end{array}$$

㉞
$$\begin{array}{r} 12 \\ -\ 9 \\ \hline \end{array}$$

㉟
$$\begin{array}{r} 10 \\ -\ 6 \\ \hline \end{array}$$

①	②	③	④	⑤	⑥	⑦
2	18	8	8	9	0	14
- 1	- 10	- 5	- 2	- 3	- 0	- 4

⑧	⑨	⑩	⑪	⑫	⑬	⑭
0	13	7	11	4	1	16
- 0	- 9	- 6	- 7	- 4	- 0	- 8

⑮	⑯	⑰	⑱	⑲	⑳	㉑
17	10	11	12	5	9	18
- 10	- 3	- 2	- 3	- 5	- 9	- 10

㉒	㉓	㉔	㉕	㉖	㉗	㉘
14	18	7	17	1	8	10
- 4	- 8	- 5	- 9	- 0	- 1	- 2

㉙	㉚	㉛	㉜	㉝	㉞	㉟
13	4	15	2	15	11	12
- 7	- 2	- 7	- 2	- 7	- 6	- 5

①
```
   14
 -  6
```

②
```
   13
 -  5
```

③
```
   15
 -  7
```

④
```
   13
 -  8
```

⑤
```
    7
 -  2
```

⑥
```
   17
 -  7
```

⑦
```
    7
 -  2
```

⑧
```
   12
 -  4
```

⑨
```
   12
 -  2
```

⑩
```
    2
 -  1
```

⑪
```
   12
 -  4
```

⑫
```
    8
 -  1
```

⑬
```
   13
 - 10
```

⑭
```
   15
 -  9
```

⑮
```
   13
 -  8
```

⑯
```
   14
 -  9
```

⑰
```
   10
 -  6
```

⑱
```
    3
 -  3
```

⑲
```
    0
 -  0
```

⑳
```
   13
 -  5
```

㉑
```
    9
 -  1
```

㉒
```
   18
 -  9
```

㉓
```
    1
 -  0
```

㉔
```
   16
 -  7
```

㉕
```
   12
 -  2
```

㉖
```
    8
 -  1
```

㉗
```
   12
 -  2
```

㉘
```
   17
 -  9
```

㉙
```
   17
 -  8
```

㉚
```
   12
 - 10
```

㉛
```
   11
 -  1
```

㉜
```
    6
 -  0
```

㉝
```
   13
 -  9
```

㉞
```
   10
 -  6
```

㉟
```
   11
 - 10
```

① 15 − 8

② 16 − 8

③ 10 − 5

④ 6 − 0

⑤ 12 − 4

⑥ 17 − 10

⑦ 16 − 7

⑧ 8 − 2

⑨ 16 − 10

⑩ 7 − 0

⑪ 9 − 8

⑫ 8 − 5

⑬ 13 − 10

⑭ 8 − 1

⑮ 12 − 10

⑯ 15 − 10

⑰ 5 − 0

⑱ 13 − 6

⑲ 6 − 2

⑳ 11 − 3

㉑ 12 − 2

㉒ 8 − 0

㉓ 15 − 5

㉔ 15 − 7

㉕ 2 − 1

㉖ 12 − 4

㉗ 5 − 0

㉘ 12 − 6

㉙ 9 − 0

㉚ 10 − 7

㉛ 12 − 3

㉜ 17 − 10

㉝ 7 − 0

㉞ 0 − 0

㉟ 15 − 6

①
```
    1
-   1
```

②
```
   11
-   6
```

③
```
   12
-   2
```

④
```
   10
-   5
```

⑤
```
    7
-   3
```

⑥
```
   16
-   9
```

⑦
```
   15
-   9
```

⑧
```
   15
-   7
```

⑨
```
    8
-   4
```

⑩
```
   12
-   9
```

⑪
```
   19
-   9
```

⑫
```
    3
-   0
```

⑬
```
   13
-   9
```

⑭
```
   11
-   7
```

⑮
```
    7
-   5
```

⑯
```
   12
-  10
```

⑰
```
   12
-   6
```

⑱
```
    4
-   3
```

⑲
```
    9
-   5
```

⑳
```
   15
-   6
```

㉑
```
    5
-   0
```

㉒
```
    5
-   1
```

㉓
```
    8
-   4
```

㉔
```
    1
-   1
```

㉕
```
   17
-   8
```

㉖
```
   11
-   4
```

㉗
```
   12
-   3
```

㉘
```
   12
-  10
```

㉙
```
   16
-   7
```

㉚
```
   11
-   4
```

㉛
```
   10
-   8
```

㉜
```
   10
-   6
```

㉝
```
    7
-   2
```

㉞
```
   11
-  10
```

㉟
```
   13
-  10
```

①
$$\begin{array}{r} 14 \\ -\ 5 \\ \hline \end{array}$$

②
$$\begin{array}{r} 13 \\ -\ 6 \\ \hline \end{array}$$

③
$$\begin{array}{r} 9 \\ -\ 7 \\ \hline \end{array}$$

④
$$\begin{array}{r} 13 \\ -\ 3 \\ \hline \end{array}$$

⑤
$$\begin{array}{r} 16 \\ -\ 9 \\ \hline \end{array}$$

⑥
$$\begin{array}{r} 9 \\ -\ 4 \\ \hline \end{array}$$

⑦
$$\begin{array}{r} 18 \\ -\ 8 \\ \hline \end{array}$$

⑧
$$\begin{array}{r} 13 \\ -\ 9 \\ \hline \end{array}$$

⑨
$$\begin{array}{r} 13 \\ -\ 4 \\ \hline \end{array}$$

⑩
$$\begin{array}{r} 11 \\ -\ 4 \\ \hline \end{array}$$

⑪
$$\begin{array}{r} 15 \\ -\ 6 \\ \hline \end{array}$$

⑫
$$\begin{array}{r} 10 \\ -\ 7 \\ \hline \end{array}$$

⑬
$$\begin{array}{r} 9 \\ -\ 3 \\ \hline \end{array}$$

⑭
$$\begin{array}{r} 8 \\ -\ 3 \\ \hline \end{array}$$

⑮
$$\begin{array}{r} 13 \\ -\ 7 \\ \hline \end{array}$$

⑯
$$\begin{array}{r} 8 \\ -\ 5 \\ \hline \end{array}$$

⑰
$$\begin{array}{r} 17 \\ -\ 9 \\ \hline \end{array}$$

⑱
$$\begin{array}{r} 12 \\ -\ 3 \\ \hline \end{array}$$

⑲
$$\begin{array}{r} 16 \\ -\ 9 \\ \hline \end{array}$$

⑳
$$\begin{array}{r} 11 \\ -\ 9 \\ \hline \end{array}$$

㉑
$$\begin{array}{r} 14 \\ -\ 8 \\ \hline \end{array}$$

㉒
$$\begin{array}{r} 17 \\ -\ 10 \\ \hline \end{array}$$

㉓
$$\begin{array}{r} 11 \\ -\ 3 \\ \hline \end{array}$$

㉔
$$\begin{array}{r} 9 \\ -\ 5 \\ \hline \end{array}$$

㉕
$$\begin{array}{r} 14 \\ -\ 6 \\ \hline \end{array}$$

㉖
$$\begin{array}{r} 16 \\ -\ 7 \\ \hline \end{array}$$

㉗
$$\begin{array}{r} 11 \\ -\ 7 \\ \hline \end{array}$$

㉘
$$\begin{array}{r} 11 \\ -\ 5 \\ \hline \end{array}$$

㉙
$$\begin{array}{r} 7 \\ -\ 4 \\ \hline \end{array}$$

㉚
$$\begin{array}{r} 10 \\ -\ 8 \\ \hline \end{array}$$

㉛
$$\begin{array}{r} 17 \\ -\ 7 \\ \hline \end{array}$$

㉜
$$\begin{array}{r} 14 \\ -\ 6 \\ \hline \end{array}$$

㉝
$$\begin{array}{r} 13 \\ -\ 6 \\ \hline \end{array}$$

㉞
$$\begin{array}{r} 13 \\ -\ 3 \\ \hline \end{array}$$

㉟
$$\begin{array}{r} 15 \\ -\ 9 \\ \hline \end{array}$$

①
$$\begin{array}{r} 9 \\ -\ 6 \\ \hline \end{array}$$

②
$$\begin{array}{r} 11 \\ -\ 5 \\ \hline \end{array}$$

③
$$\begin{array}{r} 12 \\ -\ 7 \\ \hline \end{array}$$

④
$$\begin{array}{r} 8 \\ -\ 4 \\ \hline \end{array}$$

⑤
$$\begin{array}{r} 13 \\ -\ 9 \\ \hline \end{array}$$

⑥
$$\begin{array}{r} 9 \\ -\ 7 \\ \hline \end{array}$$

⑦
$$\begin{array}{r} 19 \\ -\ 9 \\ \hline \end{array}$$

⑧
$$\begin{array}{r} 11 \\ -\ 2 \\ \hline \end{array}$$

⑨
$$\begin{array}{r} 19 \\ -\ 10 \\ \hline \end{array}$$

⑩
$$\begin{array}{r} 9 \\ -\ 3 \\ \hline \end{array}$$

⑪
$$\begin{array}{r} 17 \\ -\ 9 \\ \hline \end{array}$$

⑫
$$\begin{array}{r} 14 \\ -\ 10 \\ \hline \end{array}$$

⑬
$$\begin{array}{r} 5 \\ -\ 2 \\ \hline \end{array}$$

⑭
$$\begin{array}{r} 4 \\ -\ 2 \\ \hline \end{array}$$

⑮
$$\begin{array}{r} 12 \\ -\ 10 \\ \hline \end{array}$$

⑯
$$\begin{array}{r} 9 \\ -\ 6 \\ \hline \end{array}$$

⑰
$$\begin{array}{r} 4 \\ -\ 2 \\ \hline \end{array}$$

⑱
$$\begin{array}{r} 17 \\ -\ 8 \\ \hline \end{array}$$

⑲
$$\begin{array}{r} 14 \\ -\ 5 \\ \hline \end{array}$$

⑳
$$\begin{array}{r} 5 \\ -\ 3 \\ \hline \end{array}$$

㉑
$$\begin{array}{r} 6 \\ -\ 4 \\ \hline \end{array}$$

㉒
$$\begin{array}{r} 14 \\ -\ 6 \\ \hline \end{array}$$

㉓
$$\begin{array}{r} 10 \\ -\ 2 \\ \hline \end{array}$$

㉔
$$\begin{array}{r} 8 \\ -\ 6 \\ \hline \end{array}$$

㉕
$$\begin{array}{r} 14 \\ -\ 5 \\ \hline \end{array}$$

㉖
$$\begin{array}{r} 5 \\ -\ 3 \\ \hline \end{array}$$

㉗
$$\begin{array}{r} 19 \\ -\ 10 \\ \hline \end{array}$$

㉘
$$\begin{array}{r} 9 \\ -\ 5 \\ \hline \end{array}$$

㉙
$$\begin{array}{r} 14 \\ -\ 6 \\ \hline \end{array}$$

㉚
$$\begin{array}{r} 4 \\ -\ 2 \\ \hline \end{array}$$

㉛
$$\begin{array}{r} 15 \\ -\ 7 \\ \hline \end{array}$$

㉜
$$\begin{array}{r} 5 \\ -\ 3 \\ \hline \end{array}$$

㉝
$$\begin{array}{r} 15 \\ -\ 8 \\ \hline \end{array}$$

㉞
$$\begin{array}{r} 17 \\ -\ 7 \\ \hline \end{array}$$

㉟
$$\begin{array}{r} 13 \\ -\ 6 \\ \hline \end{array}$$

①
```
    9
-   4
```

②
```
   18
-   9
```

③
```
   10
-   4
```

④
```
   12
-  10
```

⑤
```
   12
-   3
```

⑥
```
   18
-   9
```

⑦
```
   13
-   7
```

⑧
```
   14
-   6
```

⑨
```
   14
-   7
```

⑩
```
   11
-   6
```

⑪
```
   16
-   7
```

⑫
```
    8
-   5
```

⑬
```
    4
-   2
```

⑭
```
    8
-   2
```

⑮
```
   14
-   7
```

⑯
```
   15
-   7
```

⑰
```
    9
-   6
```

⑱
```
    6
-   3
```

⑲
```
   19
-   9
```

⑳
```
    5
-   3
```

㉑
```
   14
-   5
```

㉒
```
   20
-  10
```

㉓
```
   14
-   7
```

㉔
```
   18
-  10
```

㉕
```
   15
-   7
```

㉖
```
    8
-   6
```

㉗
```
   11
-   3
```

㉘
```
   14
-  10
```

㉙
```
   12
-   5
```

㉚
```
    9
-   6
```

㉛
```
   14
-   9
```

㉜
```
   19
-   9
```

㉝
```
    7
-   5
```

㉞
```
   20
-  10
```

㉟
```
    8
-   3
```

①
```
   10
 -  6
```

②
```
    7
 -  3
```

③
```
   12
 -  8
```

④
```
   14
 -  5
```

⑤
```
    6
 -  4
```

⑥
```
    7
 -  5
```

⑦
```
   12
 -  2
```

⑧
```
    9
 -  3
```

⑨
```
   14
 -  8
```

⑩
```
   12
 -  3
```

⑪
```
   17
 -  8
```

⑫
```
   15
 -  9
```

⑬
```
   15
 - 10
```

⑭
```
   16
 -  9
```

⑮
```
   13
 - 10
```

⑯
```
   10
 -  6
```

⑰
```
   10
 -  4
```

⑱
```
   10
 -  8
```

⑲
```
    5
 -  3
```

⑳
```
   12
 -  5
```

㉑
```
    9
 -  2
```

㉒
```
   17
 - 10
```

㉓
```
   10
 -  3
```

㉔
```
   12
 - 10
```

㉕
```
   15
 -  5
```

㉖
```
    9
 -  5
```

㉗
```
   12
 -  6
```

㉘
```
    9
 -  3
```

㉙
```
    7
 -  4
```

㉚
```
   10
 -  4
```

㉛
```
   13
 -  4
```

㉜
```
   11
 -  5
```

㉝
```
   14
 -  4
```

㉞
```
    6
 -  4
```

㉟
```
   14
 -  7
```

①
```
   13
-   5
_____
```

②
```
   10
-   4
_____
```

③
```
   18
-  10
_____
```

④
```
   12
-  10
_____
```

⑤
```
   14
-   7
_____
```

⑥
```
   15
-   8
_____
```

⑦
```
   10
-   6
_____
```

⑧
```
   13
-   7
_____
```

⑨
```
   16
-   8
_____
```

⑩
```
   18
-   9
_____
```

⑪
```
    9
-   3
_____
```

⑫
```
   10
-   3
_____
```

⑬
```
   16
-   8
_____
```

⑭
```
   18
-   9
_____
```

⑮
```
   16
-   9
_____
```

⑯
```
    4
-   2
_____
```

⑰
```
    9
-   3
_____
```

⑱
```
   10
-   7
_____
```

⑲
```
   15
-   6
_____
```

⑳
```
    8
-   6
_____
```

㉑
```
   15
-   6
_____
```

㉒
```
   18
-   9
_____
```

㉓
```
   10
-   6
_____
```

㉔
```
   12
-   9
_____
```

㉕
```
    7
-   4
_____
```

㉖
```
   18
-  10
_____
```

㉗
```
   13
-  10
_____
```

㉘
```
   13
-   8
_____
```

㉙
```
   16
-   9
_____
```

㉚
```
   10
-   6
_____
```

㉛
```
    5
-   3
_____
```

㉜
```
   15
-  10
_____
```

㉝
```
   15
-   7
_____
```

㉞
```
    5
-   3
_____
```

㉟
```
   11
-   6
_____
```

①
$$\begin{array}{r} 5 \\ -\ 2 \\ \hline \end{array}$$

②
$$\begin{array}{r} 13 \\ -\ 7 \\ \hline \end{array}$$

③
$$\begin{array}{r} 9 \\ -\ 5 \\ \hline \end{array}$$

④
$$\begin{array}{r} 8 \\ -\ 3 \\ \hline \end{array}$$

⑤
$$\begin{array}{r} 12 \\ -\ 2 \\ \hline \end{array}$$

⑥
$$\begin{array}{r} 14 \\ -\ 9 \\ \hline \end{array}$$

⑦
$$\begin{array}{r} 17 \\ -\ 8 \\ \hline \end{array}$$

⑧
$$\begin{array}{r} 14 \\ -\ 4 \\ \hline \end{array}$$

⑨
$$\begin{array}{r} 18 \\ -\ 8 \\ \hline \end{array}$$

⑩
$$\begin{array}{r} 11 \\ -\ 2 \\ \hline \end{array}$$

⑪
$$\begin{array}{r} 14 \\ -\ 4 \\ \hline \end{array}$$

⑫
$$\begin{array}{r} 13 \\ -\ 6 \\ \hline \end{array}$$

⑬
$$\begin{array}{r} 18 \\ -\ 10 \\ \hline \end{array}$$

⑭
$$\begin{array}{r} 10 \\ -\ 5 \\ \hline \end{array}$$

⑮
$$\begin{array}{r} 16 \\ -\ 6 \\ \hline \end{array}$$

⑯
$$\begin{array}{r} 19 \\ -\ 9 \\ \hline \end{array}$$

⑰
$$\begin{array}{r} 10 \\ -\ 4 \\ \hline \end{array}$$

⑱
$$\begin{array}{r} 12 \\ -\ 9 \\ \hline \end{array}$$

⑲
$$\begin{array}{r} 10 \\ -\ 2 \\ \hline \end{array}$$

⑳
$$\begin{array}{r} 14 \\ -\ 9 \\ \hline \end{array}$$

㉑
$$\begin{array}{r} 15 \\ -\ 8 \\ \hline \end{array}$$

㉒
$$\begin{array}{r} 15 \\ -\ 8 \\ \hline \end{array}$$

㉓
$$\begin{array}{r} 6 \\ -\ 4 \\ \hline \end{array}$$

㉔
$$\begin{array}{r} 11 \\ -\ 6 \\ \hline \end{array}$$

㉕
$$\begin{array}{r} 12 \\ -\ 3 \\ \hline \end{array}$$

㉖
$$\begin{array}{r} 16 \\ -\ 10 \\ \hline \end{array}$$

㉗
$$\begin{array}{r} 16 \\ -\ 9 \\ \hline \end{array}$$

㉘
$$\begin{array}{r} 17 \\ -\ 10 \\ \hline \end{array}$$

㉙
$$\begin{array}{r} 15 \\ -\ 5 \\ \hline \end{array}$$

㉚
$$\begin{array}{r} 12 \\ -\ 9 \\ \hline \end{array}$$

㉛
$$\begin{array}{r} 6 \\ -\ 3 \\ \hline \end{array}$$

㉜
$$\begin{array}{r} 11 \\ -\ 2 \\ \hline \end{array}$$

㉝
$$\begin{array}{r} 16 \\ -\ 6 \\ \hline \end{array}$$

㉞
$$\begin{array}{r} 13 \\ -\ 4 \\ \hline \end{array}$$

㉟
$$\begin{array}{r} 18 \\ -\ 9 \\ \hline \end{array}$$

①
```
   13
-  10
```

②
```
   8
-  2
```

③
```
   10
-   2
```

④
```
   12
-   4
```

⑤
```
   15
-   5
```

⑥
```
   16
-   6
```

⑦
```
   12
-   5
```

⑧
```
   10
-   2
```

⑨
```
   11
-   2
```

⑩
```
   14
-   5
```

⑪
```
   12
-   3
```

⑫
```
   5
-  3
```

⑬
```
   12
-   2
```

⑭
```
   7
-  2
```

⑮
```
   18
-   9
```

⑯
```
   15
-   8
```

⑰
```
   7
-  3
```

⑱
```
   10
-   5
```

⑲
```
   11
-   7
```

⑳
```
   10
-   2
```

㉑
```
   13
-   5
```

㉒
```
   8
-  6
```

㉓
```
   18
-  10
```

㉔
```
   5
-  2
```

㉕
```
   12
-   4
```

㉖
```
   8
-  5
```

㉗
```
   10
-   4
```

㉘
```
   19
-   9
```

㉙
```
   8
-  6
```

㉚
```
   15
-   6
```

㉛
```
   7
-  4
```

㉜
```
   10
-   2
```

㉝
```
   14
-   8
```

㉞
```
   7
-  2
```

㉟
```
   14
-   7
```

①
```
    7
-   2
_____
```

②
```
   17
-   8
_____
```

③
```
   17
-  10
_____
```

④
```
   12
-   5
_____
```

⑤
```
   13
-   4
_____
```

⑥
```
   14
-   4
_____
```

⑦
```
    5
-   2
_____
```

⑧
```
   13
-   8
_____
```

⑨
```
   13
-   6
_____
```

⑩
```
    8
-   4
_____
```

⑪
```
   14
-   4
_____
```

⑫
```
   12
-   3
_____
```

⑬
```
   13
-   3
_____
```

⑭
```
    9
-   4
_____
```

⑮
```
   11
-   7
_____
```

⑯
```
    8
-   6
_____
```

⑰
```
    5
-   3
_____
```

⑱
```
    8
-   5
_____
```

⑲
```
   11
-   8
_____
```

⑳
```
   15
-   5
_____
```

㉑
```
   13
-   8
_____
```

㉒
```
   14
-   8
_____
```

㉓
```
    8
-   4
_____
```

㉔
```
   11
-   3
_____
```

㉕
```
   17
-   8
_____
```

㉖
```
   10
-   5
_____
```

㉗
```
    7
-   2
_____
```

㉘
```
   13
-  10
_____
```

㉙
```
    6
-   2
_____
```

㉚
```
   14
-   7
_____
```

㉛
```
   11
-   2
_____
```

㉜
```
   12
-   3
_____
```

㉝
```
    8
-   4
_____
```

㉞
```
    9
-   4
_____
```

㉟
```
   12
-   8
_____
```

①
```
    9
-   7
____
```

②
```
   11
-   8
____
```

③
```
    9
-   2
____
```

④
```
   20
-  10
____
```

⑤
```
    7
-   4
____
```

⑥
```
   10
-   4
____
```

⑦
```
   16
-   9
____
```

⑧
```
   14
-   7
____
```

⑨
```
   14
-  10
____
```

⑩
```
    8
-   4
____
```

⑪
```
    7
-   4
____
```

⑫
```
    6
-   4
____
```

⑬
```
   10
-   7
____
```

⑭
```
    9
-   5
____
```

⑮
```
   15
-   9
____
```

⑯
```
    9
-   7
____
```

⑰
```
    6
-   2
____
```

⑱
```
   10
-   5
____
```

⑲
```
   14
-   9
____
```

⑳
```
   12
-   4
____
```

㉑
```
   14
-   9
____
```

㉒
```
   11
-   4
____
```

㉓
```
   14
-   8
____
```

㉔
```
   11
-   8
____
```

㉕
```
   12
-   5
____
```

㉖
```
   10
-   3
____
```

㉗
```
   19
-  10
____
```

㉘
```
   12
-   5
____
```

㉙
```
   12
-   6
____
```

㉚
```
   14
-   5
____
```

㉛
```
    7
-   2
____
```

㉜
```
   16
-   8
____
```

㉝
```
   11
-   9
____
```

㉞
```
   14
-   5
____
```

㉟
```
   12
-   3
____
```

①
```
  13
-  8
```

②
```
  14
-  7
```

③
```
  11
-  4
```

④
```
   6
-  4
```

⑤
```
   6
-  3
```

⑥
```
  12
-  3
```

⑦
```
  12
-  4
```

⑧
```
  17
- 10
```

⑨
```
  14
-  6
```

⑩
```
  16
-  9
```

⑪
```
  13
-  8
```

⑫
```
   8
-  3
```

⑬
```
  15
-  9
```

⑭
```
  14
-  4
```

⑮
```
  15
-  7
```

⑯
```
  20
- 10
```

⑰
```
  16
-  9
```

⑱
```
  16
-  9
```

⑲
```
  14
-  6
```

⑳
```
  16
-  9
```

㉑
```
  10
-  3
```

㉒
```
  11
-  6
```

㉓
```
   9
-  2
```

㉔
```
   7
-  5
```

㉕
```
  10
-  3
```

㉖
```
  12
-  7
```

㉗
```
  18
-  9
```

㉘
```
  17
- 10
```

㉙
```
   6
-  3
```

㉚
```
   6
-  4
```

㉛
```
  12
-  4
```

㉜
```
  11
-  7
```

㉝
```
  12
- 10
```

㉞
```
  12
-  6
```

㉟
```
  19
-  9
```

①
```
  12
-  6
```

②
```
  12
- 10
```

③
```
   6
-  2
```

④
```
   8
-  6
```

⑤
```
   8
-  5
```

⑥
```
  18
-  9
```

⑦
```
  13
-  6
```

⑧
```
  14
-  9
```

⑨
```
  20
- 10
```

⑩
```
   9
-  7
```

⑪
```
  19
- 10
```

⑫
```
  12
-  2
```

⑬
```
   9
-  5
```

⑭
```
  14
-  5
```

⑮
```
  10
-  3
```

⑯
```
   7
-  5
```

⑰
```
  10
-  7
```

⑱
```
  12
-  8
```

⑲
```
  15
-  5
```

⑳
```
  10
-  4
```

㉑
```
  11
-  2
```

㉒
```
   5
-  2
```

㉓
```
   8
-  3
```

㉔
```
  13
-  3
```

㉕
```
  14
-  6
```

㉖
```
  15
-  5
```

㉗
```
  14
-  9
```

㉘
```
   6
-  4
```

㉙
```
  16
-  7
```

㉚
```
  14
-  5
```

㉛
```
  12
-  8
```

㉜
```
   9
-  6
```

㉝
```
   8
-  2
```

㉞
```
  13
-  9
```

㉟
```
  19
- 10
```

①
```
  13
-  9
----
```

②
```
  12
-  9
----
```

③
```
  17
- 10
----
```

④
```
  11
-  4
----
```

⑤
```
   7
-  5
----
```

⑥
```
  12
-  8
----
```

⑦
```
  16
- 10
----
```

⑧
```
  15
-  7
----
```

⑨
```
  12
- 10
----
```

⑩
```
  12
-  4
----
```

⑪
```
  13
-  9
----
```

⑫
```
  16
-  7
----
```

⑬
```
  14
-  7
----
```

⑭
```
   7
-  2
----
```

⑮
```
  10
-  6
----
```

⑯
```
  10
-  2
----
```

⑰
```
  12
-  5
----
```

⑱
```
  16
- 10
----
```

⑲
```
   8
-  4
----
```

⑳
```
   8
-  4
----
```

㉑
```
  14
- 10
----
```

㉒
```
  18
-  9
----
```

㉓
```
   7
-  5
----
```

㉔
```
  14
-  9
----
```

㉕
```
  12
-  6
----
```

㉖
```
   9
-  3
----
```

㉗
```
  13
- 10
----
```

㉘
```
  12
-  5
----
```

㉙
```
  13
-  9
----
```

㉚
```
  14
-  5
----
```

㉛
```
  18
-  9
----
```

㉜
```
   8
-  6
----
```

㉝
```
   7
-  2
----
```

㉞
```
  13
-  5
----
```

㉟
```
  13
-  9
----
```

①
```
  13
- 10
```

②
```
  16
-  6
```

③
```
   8
-  5
```

④
```
  10
-  5
```

⑤
```
  14
-  7
```

⑥
```
  12
-  9
```

⑦
```
  11
-  9
```

⑧
```
   4
-  2
```

⑨
```
   9
-  5
```

⑩
```
   9
-  7
```

⑪
```
  12
-  9
```

⑫
```
  11
-  4
```

⑬
```
  11
-  4
```

⑭
```
  15
-  5
```

⑮
```
  10
-  6
```

⑯
```
  11
-  3
```

⑰
```
  10
-  5
```

⑱
```
   6
-  3
```

⑲
```
  12
-  2
```

⑳
```
   8
-  5
```

㉑
```
  11
-  4
```

㉒
```
  10
-  2
```

㉓
```
  12
- 10
```

㉔
```
  15
-  6
```

㉕
```
  10
-  8
```

㉖
```
  13
-  4
```

㉗
```
  14
- 10
```

㉘
```
  10
-  2
```

㉙
```
   6
-  2
```

㉚
```
  13
- 10
```

㉛
```
  15
- 10
```

㉜
```
  14
-  4
```

㉝
```
  11
-  7
```

㉞
```
  19
- 10
```

㉟
```
  11
-  8
```

① 10
- 3

② 10
- 5

③ 10
- 3

④ 11
- 8

⑤ 15
- 8

⑥ 13
- 6

⑦ 19
- 9

⑧ 14
- 5

⑨ 7
- 5

⑩ 7
- 5

⑪ 19
- 10

⑫ 15
- 5

⑬ 10
- 2

⑭ 12
- 7

⑮ 9
- 3

⑯ 6
- 2

⑰ 14
- 7

⑱ 12
- 7

⑲ 15
- 7

⑳ 17
- 9

㉑ 15
- 8

㉒ 10
- 2

㉓ 9
- 7

㉔ 11
- 8

㉕ 15
- 8

㉖ 16
- 6

㉗ 13
- 10

㉘ 5
- 3

㉙ 12
- 9

㉚ 9
- 5

㉛ 15
- 9

㉜ 12
- 4

㉝ 12
- 9

㉞ 9
- 6

㉟ 18
- 8

①
16
- 10

②
17
- 9

③
18
- 8

④
8
- 6

⑤
17
- 8

⑥
6
- 2

⑦
9
- 7

⑧
8
- 3

⑨
6
- 2

⑩
7
- 2

⑪
15
- 8

⑫
11
- 8

⑬
5
- 3

⑭
8
- 3

⑮
10
- 2

⑯
13
- 8

⑰
16
- 6

⑱
15
- 7

⑲
15
- 8

⑳
9
- 7

㉑
15
- 10

㉒
12
- 3

㉓
14
- 9

㉔
11
- 6

㉕
6
- 3

㉖
17
- 7

㉗
14
- 5

㉘
17
- 7

㉙
16
- 6

㉚
11
- 6

㉛
6
- 3

㉜
19
- 10

㉝
19
- 10

㉞
9
- 2

㉟
11
- 7

①
```
  11
-  8
----
```

②
```
  10
-  4
----
```

③
```
  11
-  4
----
```

④
```
  11
-  4
----
```

⑤
```
  14
- 10
----
```

⑥
```
   4
-  2
----
```

⑦
```
  18
-  9
----
```

⑧
```
  12
-  7
----
```

⑨
```
  13
-  8
----
```

⑩
```
   9
-  2
----
```

⑪
```
  10
-  2
----
```

⑫
```
   8
-  4
----
```

⑬
```
  15
-  6
----
```

⑭
```
   6
-  3
----
```

⑮
```
  10
-  3
----
```

⑯
```
   9
-  2
----
```

⑰
```
  14
- 10
----
```

⑱
```
  17
- 10
----
```

⑲
```
  13
-  8
----
```

⑳
```
  13
-  5
----
```

㉑
```
   7
-  5
----
```

㉒
```
  15
-  7
----
```

㉓
```
  19
- 10
----
```

㉔
```
   4
-  2
----
```

㉕
```
  16
- 10
----
```

㉖
```
  10
-  2
----
```

㉗
```
   9
-  4
----
```

㉘
```
  17
-  8
----
```

㉙
```
   6
-  3
----
```

㉚
```
   7
-  2
----
```

㉛
```
  12
-  8
----
```

㉜
```
   9
-  4
----
```

㉝
```
  19
- 10
----
```

㉞
```
   9
-  7
----
```

㉟
```
  11
-  8
----
```

①
```
    18
 -   9
```

②
```
     8
 -   6
```

③
```
     5
 -   2
```

④
```
     9
 -   6
```

⑤
```
    17
 -   9
```

⑥
```
    12
 -   3
```

⑦
```
    10
 -   8
```

⑧
```
     9
 -   4
```

⑨
```
     7
 -   4
```

⑩
```
    14
 -  10
```

⑪
```
    16
 -   8
```

⑫
```
     9
 -   3
```

⑬
```
    13
 -   7
```

⑭
```
    15
 -   5
```

⑮
```
    13
 -   7
```

⑯
```
    14
 -   6
```

⑰
```
     7
 -   5
```

⑱
```
    12
 -   2
```

⑲
```
    14
 -   5
```

⑳
```
    16
 -   7
```

㉑
```
    14
 -   7
```

㉒
```
    17
 -   7
```

㉓
```
    16
 -   8
```

㉔
```
     9
 -   2
```

㉕
```
    12
 -   6
```

㉖
```
    13
 -   7
```

㉗
```
    19
 -  10
```

㉘
```
     7
 -   3
```

㉙
```
    19
 -   9
```

㉚
```
    18
 -  10
```

㉛
```
     9
 -   5
```

㉜
```
     9
 -   2
```

㉝
```
    10
 -   2
```

㉞
```
     6
 -   3
```

㉟
```
     5
 -   3
```

①
```
    8
-   6
____
```

②
```
    5
-   3
____
```

③
```
   11
-   6
____
```

④
```
   12
-   6
____
```

⑤
```
   10
-   4
____
```

⑥
```
   18
-  10
____
```

⑦
```
   12
-   8
____
```

⑧
```
   11
-   3
____
```

⑨
```
    9
-   4
____
```

⑩
```
   14
-   6
____
```

⑪
```
   16
-   9
____
```

⑫
```
   11
-   3
____
```

⑬
```
   17
-   9
____
```

⑭
```
    7
-   4
____
```

⑮
```
   12
-   7
____
```

⑯
```
   13
-   9
____
```

⑰
```
    6
-   2
____
```

⑱
```
   14
-   7
____
```

⑲
```
   17
-  10
____
```

⑳
```
   12
-   3
____
```

㉑
```
   13
-   5
____
```

㉒
```
    8
-   4
____
```

㉓
```
   10
-   8
____
```

㉔
```
   11
-   2
____
```

㉕
```
    6
-   2
____
```

㉖
```
   12
-   8
____
```

㉗
```
   15
-   9
____
```

㉘
```
   10
-   2
____
```

㉙
```
   17
-  10
____
```

㉚
```
   13
-   8
____
```

㉛
```
   12
-   5
____
```

㉜
```
   17
-  10
____
```

㉝
```
   15
-   7
____
```

㉞
```
    6
-   3
____
```

㉟
```
   13
-   8
____
```

①
```
  15
-  7
```

②
```
  11
-  3
```

③
```
  13
-  8
```

④
```
  16
-  7
```

⑤
```
  10
-  2
```

⑥
```
  13
-  6
```

⑦
```
   5
-  3
```

⑧
```
  15
-  8
```

⑨
```
  13
-  9
```

⑩
```
  15
- 10
```

⑪
```
   4
-  2
```

⑫
```
  16
-  8
```

⑬
```
   7
-  2
```

⑭
```
  15
- 10
```

⑮
```
  18
-  8
```

⑯
```
  15
- 10
```

⑰
```
  13
-  7
```

⑱
```
   5
-  3
```

⑲
```
  11
-  2
```

⑳
```
  17
-  9
```

㉑
```
  18
-  8
```

㉒
```
  13
-  5
```

㉓
```
  10
-  4
```

㉔
```
   9
-  6
```

㉕
```
  13
-  4
```

㉖
```
  16
-  6
```

㉗
```
  10
-  5
```

㉘
```
  16
-  6
```

㉙
```
  17
-  9
```

㉚
```
   9
-  7
```

㉛
```
  18
-  8
```

㉜
```
  12
-  8
```

㉝
```
   8
-  3
```

㉞
```
  11
-  2
```

㉟
```
   8
-  6
```

①
12
- 9

②
19
- 9

③
17
- 10

④
11
- 5

⑤
16
- 10

⑥
11
- 8

⑦
12
- 9

⑧
13
- 6

⑨
18
- 10

⑩
17
- 7

⑪
11
- 9

⑫
16
- 7

⑬
12
- 10

⑭
11
- 3

⑮
17
- 8

⑯
10
- 7

⑰
9
- 6

⑱
16
- 10

⑲
11
- 5

⑳
18
- 8

㉑
16
- 10

㉒
11
- 6

㉓
12
- 8

㉔
16
- 7

㉕
4
- 2

㉖
14
- 6

㉗
15
- 10

㉘
8
- 5

㉙
5
- 3

㉚
17
- 9

㉛
12
- 7

㉜
10
- 2

㉝
15
- 6

㉞
11
- 6

㉟
15
- 9

①
```
   11
-   7
```

②
```
   11
-   5
```

③
```
   11
-   5
```

④
```
   11
-   0
```

⑤
```
   11
-   5
```

⑥
```
   11
-  11
```

⑦
```
   11
-   5
```

⑧
```
   11
-   4
```

⑨
```
   11
-   4
```

⑩
```
   11
-   7
```

⑪
```
   11
-  10
```

⑫
```
   11
-   8
```

⑬
```
   11
-   8
```

⑭
```
   11
-   3
```

⑮
```
   11
-   9
```

⑯
```
   11
-  10
```

⑰
```
   11
-   0
```

⑱
```
   11
-   8
```

⑲
```
   11
-   5
```

⑳
```
   11
-  10
```

㉑
```
   11
-   3
```

㉒
```
   11
-   1
```

㉓
```
   11
-   3
```

㉔
```
   11
-  10
```

㉕
```
   11
-   9
```

㉖
```
   11
-  11
```

㉗
```
   11
-   3
```

㉘
```
   11
-   1
```

㉙
```
   11
-   9
```

㉚
```
   11
-   3
```

㉛
```
   11
-   5
```

㉜
```
   11
-   4
```

㉝
```
   11
-   6
```

㉞
```
   11
-   3
```

㉟
```
   11
-  11
```

①
```
  11
-  2
____
```

②
```
  11
-  9
____
```

③
```
  11
-  3
____
```

④
```
  11
-  4
____
```

⑤
```
  11
-  1
____
```

⑥
```
  11
-  3
____
```

⑦
```
  11
-  5
____
```

⑧
```
  11
- 11
____
```

⑨
```
  11
-  0
____
```

⑩
```
  11
-  6
____
```

⑪
```
  11
-  9
____
```

⑫
```
  11
-  2
____
```

⑬
```
  11
-  0
____
```

⑭
```
  11
-  8
____
```

⑮
```
  11
-  5
____
```

⑯
```
  11
- 10
____
```

⑰
```
  11
-  0
____
```

⑱
```
  11
-  2
____
```

⑲
```
  11
-  9
____
```

⑳
```
  11
-  9
____
```

㉑
```
  11
-  2
____
```

㉒
```
  11
-  5
____
```

㉓
```
  11
-  8
____
```

㉔
```
  11
-  6
____
```

㉕
```
  11
-  1
____
```

㉖
```
  11
-  3
____
```

㉗
```
  11
-  5
____
```

㉘
```
  11
-  0
____
```

㉙
```
  11
-  8
____
```

㉚
```
  11
-  8
____
```

㉛
```
  11
-  7
____
```

㉜
```
  11
-  2
____
```

㉝
```
  11
-  8
____
```

㉞
```
  11
-  6
____
```

㉟
```
  11
-  0
____
```

①
```
  12
-  5
____
```

②
```
  12
- 12
____
```

③
```
  12
-  6
____
```

④
```
  12
-  8
____
```

⑤
```
  12
-  6
____
```

⑥
```
  12
-  8
____
```

⑦
```
  12
-  4
____
```

⑧
```
  12
-  7
____
```

⑨
```
  12
-  0
____
```

⑩
```
  12
-  4
____
```

⑪
```
  12
-  9
____
```

⑫
```
  12
-  9
____
```

⑬
```
  12
-  7
____
```

⑭
```
  12
-  4
____
```

⑮
```
  12
- 11
____
```

⑯
```
  12
- 12
____
```

⑰
```
  12
-  2
____
```

⑱
```
  12
-  3
____
```

⑲
```
  12
-  8
____
```

⑳
```
  12
-  2
____
```

㉑
```
  12
- 12
____
```

㉒
```
  12
-  7
____
```

㉓
```
  12
-  7
____
```

㉔
```
  12
-  6
____
```

㉕
```
  12
-  9
____
```

㉖
```
  12
-  7
____
```

㉗
```
  12
- 12
____
```

㉘
```
  12
- 11
____
```

㉙
```
  12
-  2
____
```

㉚
```
  12
-  4
____
```

㉛
```
  12
- 11
____
```

㉜
```
  12
-  6
____
```

㉝
```
  12
- 12
____
```

㉞
```
  12
-  4
____
```

㉟
```
  12
- 12
____
```

① 12 − 10

② 12 − 9

③ 12 − 12

④ 12 − 1

⑤ 12 − 6

⑥ 12 − 8

⑦ 12 − 6

⑧ 12 − 2

⑨ 12 − 8

⑩ 12 − 1

⑪ 12 − 7

⑫ 12 − 10

⑬ 12 − 3

⑭ 12 − 9

⑮ 12 − 10

⑯ 12 − 3

⑰ 12 − 2

⑱ 12 − 12

⑲ 12 − 12

⑳ 12 − 9

㉑ 12 − 12

㉒ 12 − 6

㉓ 12 − 8

㉔ 12 − 7

㉕ 12 − 0

㉖ 12 − 3

㉗ 12 − 7

㉘ 12 − 8

㉙ 12 − 0

㉚ 12 − 4

㉛ 12 − 6

㉜ 12 − 0

㉝ 12 − 7

㉞ 12 − 3

㉟ 12 − 9

①
```
   13
-  13
```

②
```
   13
-  10
```

③
```
   13
-  11
```

④
```
   13
-   8
```

⑤
```
   13
-   3
```

⑥
```
   13
-   2
```

⑦
```
   13
-  11
```

⑧
```
   13
-   6
```

⑨
```
   13
-   5
```

⑩
```
   13
-   4
```

⑪
```
   13
-   0
```

⑫
```
   13
-   5
```

⑬
```
   13
-   5
```

⑭
```
   13
-  12
```

⑮
```
   13
-   8
```

⑯
```
   13
-   0
```

⑰
```
   13
-   1
```

⑱
```
   13
-  13
```

⑲
```
   13
-   3
```

⑳
```
   13
-   1
```

㉑
```
   13
-   9
```

㉒
```
   13
-   0
```

㉓
```
   13
-  12
```

㉔
```
   13
-  11
```

㉕
```
   13
-   9
```

㉖
```
   13
-   5
```

㉗
```
   13
-   9
```

㉘
```
   13
-   0
```

㉙
```
   13
-   6
```

㉚
```
   13
-   6
```

㉛
```
   13
-   5
```

㉜
```
   13
-   2
```

㉝
```
   13
-   3
```

㉞
```
   13
-   3
```

㉟
```
   13
-   1
```

①
13
− 4

②
13
− 5

③
13
− 13

④
13
− 11

⑤
13
− 8

⑥
13
− 3

⑦
13
− 9

⑧
13
− 5

⑨
13
− 5

⑩
13
− 11

⑪
13
− 5

⑫
13
− 7

⑬
13
− 1

⑭
13
− 12

⑮
13
− 8

⑯
13
− 8

⑰
13
− 13

⑱
13
− 13

⑲
13
− 7

⑳
13
− 1

㉑
13
− 9

㉒
13
− 2

㉓
13
− 4

㉔
13
− 3

㉕
13
− 1

㉖
13
− 10

㉗
13
− 6

㉘
13
− 5

㉙
13
− 8

㉚
13
− 13

㉛
13
− 10

㉜
13
− 7

㉝
13
− 13

㉞
13
− 3

㉟
13
− 9

①
14
− 8

②
14
− 2

③
14
− 13

④
14
− 13

⑤
14
− 8

⑥
14
− 0

⑦
14
− 12

⑧
14
− 2

⑨
14
− 10

⑩
14
− 12

⑪
14
− 12

⑫
14
− 0

⑬
14
− 2

⑭
14
− 1

⑮
14
− 6

⑯
14
− 10

⑰
14
− 4

⑱
14
− 0

⑲
14
− 10

⑳
14
− 12

㉑
14
− 6

㉒
14
− 1

㉓
14
− 3

㉔
14
− 3

㉕
14
− 2

㉖
14
− 3

㉗
14
− 1

㉘
14
− 1

㉙
14
− 2

㉚
14
− 8

㉛
14
− 6

㉜
14
− 4

㉝
14
− 5

㉞
14
− 11

㉟
14
− 7

①
```
  14
-  7
```

②
```
  14
-  2
```

③
```
  14
-  6
```

④
```
   14
-  12
```

⑤
```
   14
-  12
```

⑥
```
  14
-  7
```

⑦
```
  14
-  2
```

⑧
```
   14
-  11
```

⑨
```
   14
-  12
```

⑩
```
   14
-  13
```

⑪
```
  14
-  8
```

⑫
```
  14
-  5
```

⑬
```
  14
-  2
```

⑭
```
  14
-  3
```

⑮
```
   14
-  14
```

⑯
```
  14
-  7
```

⑰
```
  14
-  2
```

⑱
```
  14
-  0
```

⑲
```
  14
-  8
```

⑳
```
  14
-  2
```

㉑
```
  14
-  2
```

㉒
```
  14
-  5
```

㉓
```
  14
-  4
```

㉔
```
   14
-  11
```

㉕
```
   14
-  11
```

㉖
```
  14
-  8
```

㉗
```
  14
-  8
```

㉘
```
  14
-  6
```

㉙
```
  14
-  1
```

㉚
```
  14
-  4
```

㉛
```
   14
-  12
```

㉜
```
  14
-  6
```

㉝
```
   14
-  14
```

㉞
```
  14
-  6
```

㉟
```
  14
-  0
```

①
```
    15
 -  13
```

②
```
    15
 -   7
```

③
```
    15
 -  12
```

④
```
    15
 -   5
```

⑤
```
    15
 -  14
```

⑥
```
    15
 -  13
```

⑦
```
    15
 -  15
```

⑧
```
    15
 -  11
```

⑨
```
    15
 -  11
```

⑩
```
    15
 -   1
```

⑪
```
    15
 -  14
```

⑫
```
    15
 -   9
```

⑬
```
    15
 -  14
```

⑭
```
    15
 -   6
```

⑮
```
    15
 -   7
```

⑯
```
    15
 -   7
```

⑰
```
    15
 -  10
```

⑱
```
    15
 -   5
```

⑲
```
    15
 -  14
```

⑳
```
    15
 -  10
```

㉑
```
    15
 -  11
```

㉒
```
    15
 -   1
```

㉓
```
    15
 -  13
```

㉔
```
    15
 -  13
```

㉕
```
    15
 -  15
```

㉖
```
    15
 -   2
```

㉗
```
    15
 -  15
```

㉘
```
    15
 -  14
```

㉙
```
    15
 -  14
```

㉚
```
    15
 -  11
```

㉛
```
    15
 -  15
```

㉜
```
    15
 -  12
```

㉝
```
    15
 -  10
```

㉞
```
    15
 -   3
```

㉟
```
    15
 -   0
```

① 15 − 3

② 15 − 13

③ 15 − 12

④ 15 − 1

⑤ 15 − 0

⑥ 15 − 14

⑦ 15 − 13

⑧ 15 − 1

⑨ 15 − 5

⑩ 15 − 5

⑪ 15 − 2

⑫ 15 − 13

⑬ 15 − 3

⑭ 15 − 14

⑮ 15 − 10

⑯ 15 − 11

⑰ 15 − 15

⑱ 15 − 2

⑲ 15 − 4

⑳ 15 − 7

㉑ 15 − 1

㉒ 15 − 9

㉓ 15 − 0

㉔ 15 − 3

㉕ 15 − 3

㉖ 15 − 3

㉗ 15 − 2

㉘ 15 − 12

㉙ 15 − 15

㉚ 15 − 7

㉛ 15 − 11

㉜ 15 − 14

㉝ 15 − 14

㉞ 15 − 2

㉟ 15 − 10

①
```
  16
-  6
```

②
```
  16
-  1
```

③
```
  16
-  9
```

④
```
  16
- 12
```

⑤
```
  16
- 14
```

⑥
```
  16
-  4
```

⑦
```
  16
-  8
```

⑧
```
  16
-  9
```

⑨
```
  16
-  0
```

⑩
```
  16
-  0
```

⑪
```
  16
-  1
```

⑫
```
  16
-  9
```

⑬
```
  16
-  5
```

⑭
```
  16
-  3
```

⑮
```
  16
-  0
```

⑯
```
  16
- 13
```

⑰
```
  16
-  0
```

⑱
```
  16
- 14
```

⑲
```
  16
- 12
```

⑳
```
  16
-  0
```

㉑
```
  16
- 14
```

㉒
```
  16
- 11
```

㉓
```
  16
-  4
```

㉔
```
  16
-  2
```

㉕
```
  16
-  2
```

㉖
```
  16
- 16
```

㉗
```
  16
- 15
```

㉘
```
  16
- 13
```

㉙
```
  16
-  0
```

㉚
```
  16
-  2
```

㉛
```
  16
-  4
```

㉜
```
  16
- 12
```

㉝
```
  16
-  3
```

㉞
```
  16
-  9
```

㉟
```
  16
-  1
```

①
16
- 15

②
16
- 6

③
16
- 4

④
16
- 10

⑤
16
- 14

⑥
16
- 7

⑦
16
- 16

⑧
16
- 14

⑨
16
- 9

⑩
16
- 6

⑪
16
- 8

⑫
16
- 1

⑬
16
- 13

⑭
16
- 10

⑮
16
- 4

⑯
16
- 5

⑰
16
- 12

⑱
16
- 1

⑲
16
- 14

⑳
16
- 13

㉑
16
- 5

㉒
16
- 0

㉓
16
- 12

㉔
16
- 8

㉕
16
- 1

㉖
16
- 1

㉗
16
- 13

㉘
16
- 14

㉙
16
- 7

㉚
16
- 13

㉛
16
- 0

㉜
16
- 13

㉝
16
- 9

㉞
16
- 13

㉟
16
- 8

①
17
− 13

②
17
− 16

③
17
− 3

④
17
− 8

⑤
17
− 7

⑥
17
− 0

⑦
17
− 7

⑧
17
− 16

⑨
17
− 9

⑩
17
− 1

⑪
17
− 5

⑫
17
− 7

⑬
17
− 14

⑭
17
− 0

⑮
17
− 6

⑯
17
− 7

⑰
17
− 4

⑱
17
− 10

⑲
17
− 17

⑳
17
− 6

㉑
17
− 14

㉒
17
− 11

㉓
17
− 8

㉔
17
− 17

㉕
17
− 3

㉖
17
− 11

㉗
17
− 13

㉘
17
− 16

㉙
17
− 10

㉚
17
− 4

㉛
17
− 13

㉜
17
− 5

㉝
17
− 15

㉞
17
− 8

㉟
17
− 6

①
$$17 - 12$$

②
$$17 - 1$$

③
$$17 - 7$$

④
$$17 - 12$$

⑤
$$17 - 11$$

⑥
$$17 - 7$$

⑦
$$17 - 6$$

⑧
$$17 - 10$$

⑨
$$17 - 16$$

⑩
$$17 - 6$$

⑪
$$17 - 17$$

⑫
$$17 - 5$$

⑬
$$17 - 3$$

⑭
$$17 - 17$$

⑮
$$17 - 12$$

⑯
$$17 - 12$$

⑰
$$17 - 4$$

⑱
$$17 - 6$$

⑲
$$17 - 8$$

⑳
$$17 - 6$$

㉑
$$17 - 14$$

㉒
$$17 - 2$$

㉓
$$17 - 2$$

㉔
$$17 - 2$$

㉕
$$17 - 15$$

㉖
$$17 - 10$$

㉗
$$17 - 17$$

㉘
$$17 - 16$$

㉙
$$17 - 13$$

㉚
$$17 - 2$$

㉛
$$17 - 10$$

㉜
$$17 - 7$$

㉝
$$17 - 10$$

㉞
$$17 - 4$$

㉟
$$17 - 1$$

①
```
   18
-  14
```

②
```
   18
-   0
```

③
```
   18
-  13
```

④
```
   18
-  17
```

⑤
```
   18
-  10
```

⑥
```
   18
-   7
```

⑦
```
   18
-  11
```

⑧
```
   18
-   4
```

⑨
```
   18
-   2
```

⑩
```
   18
-  15
```

⑪
```
   18
-   6
```

⑫
```
   18
-   0
```

⑬
```
   18
-  16
```

⑭
```
   18
-   5
```

⑮
```
   18
-  15
```

⑯
```
   18
-   7
```

⑰
```
   18
-   3
```

⑱
```
   18
-   8
```

⑲
```
   18
-   6
```

⑳
```
   18
-  17
```

㉑
```
   18
-   2
```

㉒
```
   18
-  17
```

㉓
```
   18
-  12
```

㉔
```
   18
-  16
```

㉕
```
   18
-  13
```

㉖
```
   18
-   6
```

㉗
```
   18
-  10
```

㉘
```
   18
-   3
```

㉙
```
   18
-  17
```

㉚
```
   18
-  17
```

㉛
```
   18
-  12
```

㉜
```
   18
-  11
```

㉝
```
   18
-  11
```

㉞
```
   18
-  11
```

㉟
```
   18
-  10
```

①
   18
−   2

②
   18
− 10

③
   18
−   1

④
   18
− 17

⑤
   18
− 11

⑥
   18
−   3

⑦
   18
− 18

⑧
   18
−   5

⑨
   18
−   5

⑩
   18
−   6

⑪
   18
−   8

⑫
   18
− 15

⑬
   18
−   2

⑭
   18
−   3

⑮
   18
−   8

⑯
   18
−   4

⑰
   18
− 18

⑱
   18
−   9

⑲
   18
−   0

⑳
   18
− 16

㉑
   18
− 14

㉒
   18
−   6

㉓
   18
−   1

㉔
   18
−   4

㉕
   18
− 10

㉖
   18
− 18

㉗
   18
−   1

㉘
   18
−   7

㉙
   18
−   6

㉚
   18
−   8

㉛
   18
− 12

㉜
   18
− 12

㉝
   18
− 11

㉞
   18
−   9

㉟
   18
−   7

①
$$\begin{array}{r} 19 \\ - \ 10 \\ \hline \end{array}$$

②
$$\begin{array}{r} 19 \\ - \ 12 \\ \hline \end{array}$$

③
$$\begin{array}{r} 19 \\ - \ 18 \\ \hline \end{array}$$

④
$$\begin{array}{r} 19 \\ - \ 14 \\ \hline \end{array}$$

⑤
$$\begin{array}{r} 19 \\ - \ 0 \\ \hline \end{array}$$

⑥
$$\begin{array}{r} 19 \\ - \ 2 \\ \hline \end{array}$$

⑦
$$\begin{array}{r} 19 \\ - \ 12 \\ \hline \end{array}$$

⑧
$$\begin{array}{r} 19 \\ - \ 19 \\ \hline \end{array}$$

⑨
$$\begin{array}{r} 19 \\ - \ 4 \\ \hline \end{array}$$

⑩
$$\begin{array}{r} 19 \\ - \ 7 \\ \hline \end{array}$$

⑪
$$\begin{array}{r} 19 \\ - \ 0 \\ \hline \end{array}$$

⑫
$$\begin{array}{r} 19 \\ - \ 7 \\ \hline \end{array}$$

⑬
$$\begin{array}{r} 19 \\ - \ 1 \\ \hline \end{array}$$

⑭
$$\begin{array}{r} 19 \\ - \ 4 \\ \hline \end{array}$$

⑮
$$\begin{array}{r} 19 \\ - \ 8 \\ \hline \end{array}$$

⑯
$$\begin{array}{r} 19 \\ - \ 14 \\ \hline \end{array}$$

⑰
$$\begin{array}{r} 19 \\ - \ 16 \\ \hline \end{array}$$

⑱
$$\begin{array}{r} 19 \\ - \ 13 \\ \hline \end{array}$$

⑲
$$\begin{array}{r} 19 \\ - \ 15 \\ \hline \end{array}$$

⑳
$$\begin{array}{r} 19 \\ - \ 7 \\ \hline \end{array}$$

㉑
$$\begin{array}{r} 19 \\ - \ 17 \\ \hline \end{array}$$

㉒
$$\begin{array}{r} 19 \\ - \ 4 \\ \hline \end{array}$$

㉓
$$\begin{array}{r} 19 \\ - \ 13 \\ \hline \end{array}$$

㉔
$$\begin{array}{r} 19 \\ - \ 7 \\ \hline \end{array}$$

㉕
$$\begin{array}{r} 19 \\ - \ 5 \\ \hline \end{array}$$

㉖
$$\begin{array}{r} 19 \\ - \ 18 \\ \hline \end{array}$$

㉗
$$\begin{array}{r} 19 \\ - \ 12 \\ \hline \end{array}$$

㉘
$$\begin{array}{r} 19 \\ - \ 6 \\ \hline \end{array}$$

㉙
$$\begin{array}{r} 19 \\ - \ 8 \\ \hline \end{array}$$

㉚
$$\begin{array}{r} 19 \\ - \ 8 \\ \hline \end{array}$$

㉛
$$\begin{array}{r} 19 \\ - \ 15 \\ \hline \end{array}$$

㉜
$$\begin{array}{r} 19 \\ - \ 5 \\ \hline \end{array}$$

㉝
$$\begin{array}{r} 19 \\ - \ 0 \\ \hline \end{array}$$

㉞
$$\begin{array}{r} 19 \\ - \ 12 \\ \hline \end{array}$$

㉟
$$\begin{array}{r} 19 \\ - \ 4 \\ \hline \end{array}$$

①
$$\begin{array}{r} 19 \\ - 3 \\ \hline \end{array}$$

②
$$\begin{array}{r} 19 \\ - 13 \\ \hline \end{array}$$

③
$$\begin{array}{r} 19 \\ - 17 \\ \hline \end{array}$$

④
$$\begin{array}{r} 19 \\ - 9 \\ \hline \end{array}$$

⑤
$$\begin{array}{r} 19 \\ - 19 \\ \hline \end{array}$$

⑥
$$\begin{array}{r} 19 \\ - 14 \\ \hline \end{array}$$

⑦
$$\begin{array}{r} 19 \\ - 7 \\ \hline \end{array}$$

⑧
$$\begin{array}{r} 19 \\ - 4 \\ \hline \end{array}$$

⑨
$$\begin{array}{r} 19 \\ - 11 \\ \hline \end{array}$$

⑩
$$\begin{array}{r} 19 \\ - 5 \\ \hline \end{array}$$

⑪
$$\begin{array}{r} 19 \\ - 2 \\ \hline \end{array}$$

⑫
$$\begin{array}{r} 19 \\ - 11 \\ \hline \end{array}$$

⑬
$$\begin{array}{r} 19 \\ - 9 \\ \hline \end{array}$$

⑭
$$\begin{array}{r} 19 \\ - 11 \\ \hline \end{array}$$

⑮
$$\begin{array}{r} 19 \\ - 12 \\ \hline \end{array}$$

⑯
$$\begin{array}{r} 19 \\ - 15 \\ \hline \end{array}$$

⑰
$$\begin{array}{r} 19 \\ - 6 \\ \hline \end{array}$$

⑱
$$\begin{array}{r} 19 \\ - 2 \\ \hline \end{array}$$

⑲
$$\begin{array}{r} 19 \\ - 11 \\ \hline \end{array}$$

⑳
$$\begin{array}{r} 19 \\ - 17 \\ \hline \end{array}$$

㉑
$$\begin{array}{r} 19 \\ - 2 \\ \hline \end{array}$$

㉒
$$\begin{array}{r} 19 \\ - 14 \\ \hline \end{array}$$

㉓
$$\begin{array}{r} 19 \\ - 18 \\ \hline \end{array}$$

㉔
$$\begin{array}{r} 19 \\ - 7 \\ \hline \end{array}$$

㉕
$$\begin{array}{r} 19 \\ - 1 \\ \hline \end{array}$$

㉖
$$\begin{array}{r} 19 \\ - 6 \\ \hline \end{array}$$

㉗
$$\begin{array}{r} 19 \\ - 8 \\ \hline \end{array}$$

㉘
$$\begin{array}{r} 19 \\ - 9 \\ \hline \end{array}$$

㉙
$$\begin{array}{r} 19 \\ - 7 \\ \hline \end{array}$$

㉚
$$\begin{array}{r} 19 \\ - 0 \\ \hline \end{array}$$

㉛
$$\begin{array}{r} 19 \\ - 3 \\ \hline \end{array}$$

㉜
$$\begin{array}{r} 19 \\ - 17 \\ \hline \end{array}$$

㉝
$$\begin{array}{r} 19 \\ - 3 \\ \hline \end{array}$$

㉞
$$\begin{array}{r} 19 \\ - 1 \\ \hline \end{array}$$

㉟
$$\begin{array}{r} 19 \\ - 10 \\ \hline \end{array}$$

①
20
- 20

②
20
- 0

③
20
- 11

④
20
- 9

⑤
20
- 11

⑥
20
- 12

⑦
20
- 3

⑧
20
- 11

⑨
20
- 18

⑩
20
- 20

⑪
20
- 0

⑫
20
- 1

⑬
20
- 7

⑭
20
- 17

⑮
20
- 19

⑯
20
- 10

⑰
20
- 3

⑱
20
- 13

⑲
20
- 10

⑳
20
- 3

㉑
20
- 0

㉒
20
- 16

㉓
20
- 5

㉔
20
- 18

㉕
20
- 18

㉖
20
- 9

㉗
20
- 12

㉘
20
- 4

㉙
20
- 1

㉚
20
- 0

㉛
20
- 14

㉜
20
- 9

㉝
20
- 16

㉞
20
- 7

㉟
20
- 18

①
20
- 16

②
20
- 1

③
20
- 6

④
20
- 14

⑤
20
- 8

⑥
20
- 16

⑦
20
- 5

⑧
20
- 15

⑨
20
- 11

⑩
20
- 19

⑪
20
- 8

⑫
20
- 0

⑬
20
- 3

⑭
20
- 4

⑮
20
- 8

⑯
20
- 7

⑰
20
- 0

⑱
20
- 17

⑲
20
- 16

⑳
20
- 7

㉑
20
- 19

㉒
20
- 8

㉓
20
- 16

㉔
20
- 13

㉕
20
- 11

㉖
20
- 11

㉗
20
- 3

㉘
20
- 14

㉙
20
- 20

㉚
20
- 11

㉛
20
- 3

㉜
20
- 2

㉝
20
- 18

㉞
20
- 3

㉟
20
- 12

Score _____ Time _____ Name _____

①
$$\begin{array}{r} 2 \\ -\ 1 \\ \hline \end{array}$$

②
$$\begin{array}{r} 15 \\ -\ 6 \\ \hline \end{array}$$

③
$$\begin{array}{r} 12 \\ -\ 5 \\ \hline \end{array}$$

④
$$\begin{array}{r} 8 \\ -\ 2 \\ \hline \end{array}$$

⑤
$$\begin{array}{r} 11 \\ -\ 10 \\ \hline \end{array}$$

⑥
$$\begin{array}{r} 6 \\ -\ 4 \\ \hline \end{array}$$

⑦
$$\begin{array}{r} 19 \\ -\ 17 \\ \hline \end{array}$$

⑧
$$\begin{array}{r} 0 \\ -\ 0 \\ \hline \end{array}$$

⑨
$$\begin{array}{r} 15 \\ -\ 6 \\ \hline \end{array}$$

⑩
$$\begin{array}{r} 5 \\ -\ 0 \\ \hline \end{array}$$

⑪
$$\begin{array}{r} 20 \\ -\ 12 \\ \hline \end{array}$$

⑫
$$\begin{array}{r} 13 \\ -\ 2 \\ \hline \end{array}$$

⑬
$$\begin{array}{r} 6 \\ -\ 3 \\ \hline \end{array}$$

⑭
$$\begin{array}{r} 5 \\ -\ 0 \\ \hline \end{array}$$

⑮
$$\begin{array}{r} 9 \\ -\ 9 \\ \hline \end{array}$$

⑯
$$\begin{array}{r} 0 \\ -\ 0 \\ \hline \end{array}$$

⑰
$$\begin{array}{r} 17 \\ -\ 16 \\ \hline \end{array}$$

⑱
$$\begin{array}{r} 11 \\ -\ 8 \\ \hline \end{array}$$

⑲
$$\begin{array}{r} 5 \\ -\ 1 \\ \hline \end{array}$$

⑳
$$\begin{array}{r} 0 \\ -\ 0 \\ \hline \end{array}$$

㉑
$$\begin{array}{r} 1 \\ -\ 1 \\ \hline \end{array}$$

㉒
$$\begin{array}{r} 8 \\ -\ 1 \\ \hline \end{array}$$

㉓
$$\begin{array}{r} 16 \\ -\ 4 \\ \hline \end{array}$$

㉔
$$\begin{array}{r} 1 \\ -\ 0 \\ \hline \end{array}$$

㉕
$$\begin{array}{r} 19 \\ -\ 16 \\ \hline \end{array}$$

㉖
$$\begin{array}{r} 5 \\ -\ 3 \\ \hline \end{array}$$

㉗
$$\begin{array}{r} 19 \\ -\ 15 \\ \hline \end{array}$$

㉘
$$\begin{array}{r} 0 \\ -\ 0 \\ \hline \end{array}$$

㉙
$$\begin{array}{r} 16 \\ -\ 2 \\ \hline \end{array}$$

㉚
$$\begin{array}{r} 18 \\ -\ 2 \\ \hline \end{array}$$

㉛
$$\begin{array}{r} 7 \\ -\ 7 \\ \hline \end{array}$$

㉜
$$\begin{array}{r} 15 \\ -\ 9 \\ \hline \end{array}$$

㉝
$$\begin{array}{r} 15 \\ -\ 2 \\ \hline \end{array}$$

㉞
$$\begin{array}{r} 1 \\ -\ 0 \\ \hline \end{array}$$

㉟
$$\begin{array}{r} 20 \\ -\ 18 \\ \hline \end{array}$$

①
```
   10
-  10
```

②
```
    4
-   3
```

③
```
    9
-   7
```

④
```
   15
-   8
```

⑤
```
   20
-  12
```

⑥
```
    4
-   1
```

⑦
```
   11
-   7
```

⑧
```
    4
-   2
```

⑨
```
   16
-   9
```

⑩
```
    0
-   0
```

⑪
```
   19
-  16
```

⑫
```
   14
-  13
```

⑬
```
    9
-   4
```

⑭
```
   20
-   4
```

⑮
```
   17
-  17
```

⑯
```
    4
-   2
```

⑰
```
   14
-  12
```

⑱
```
   17
-   2
```

⑲
```
   20
-  13
```

⑳
```
   17
-   8
```

㉑
```
   15
-  15
```

㉒
```
   17
-  16
```

㉓
```
   12
-   7
```

㉔
```
   13
-   8
```

㉕
```
   18
-   9
```

㉖
```
    4
-   0
```

㉗
```
   15
-  12
```

㉘
```
    8
-   7
```

㉙
```
   19
-  18
```

㉚
```
    8
-   4
```

㉛
```
   15
-  14
```

㉜
```
    1
-   0
```

㉝
```
   13
-   2
```

㉞
```
    1
-   0
```

㉟
```
   16
-  12
```

①
$$14 - 12$$

②
$$1 - 0$$

③
$$15 - 10$$

④
$$18 - 10$$

⑤
$$15 - 11$$

⑥
$$8 - 5$$

⑦
$$8 - 7$$

⑧
$$2 - 1$$

⑨
$$18 - 10$$

⑩
$$4 - 1$$

⑪
$$6 - 5$$

⑫
$$13 - 10$$

⑬
$$20 - 11$$

⑭
$$1 - 0$$

⑮
$$16 - 10$$

⑯
$$17 - 7$$

⑰
$$15 - 8$$

⑱
$$7 - 2$$

⑲
$$18 - 18$$

⑳
$$17 - 10$$

㉑
$$17 - 13$$

㉒
$$0 - 0$$

㉓
$$18 - 2$$

㉔
$$10 - 5$$

㉕
$$14 - 12$$

㉖
$$9 - 1$$

㉗
$$19 - 15$$

㉘
$$7 - 6$$

㉙
$$18 - 18$$

㉚
$$9 - 8$$

㉛
$$14 - 7$$

㉜
$$17 - 11$$

㉝
$$20 - 18$$

㉞
$$7 - 5$$

㉟
$$20 - 19$$

① 13
- 1

② 20
- 4

③ 15
- 7

④ 10
- 3

⑤ 18
- 15

⑥ 11
- 10

⑦ 18
- 18

⑧ 3
- 0

⑨ 17
- 4

⑩ 0
- 0

⑪ 6
- 2

⑫ 15
- 9

⑬ 15
- 12

⑭ 13
- 7

⑮ 4
- 4

⑯ 5
- 3

⑰ 11
- 4

⑱ 6
- 2

⑲ 18
- 16

⑳ 10
- 8

㉑ 17
- 17

㉒ 1
- 0

㉓ 5
- 2

㉔ 18
- 3

㉕ 4
- 3

㉖ 0
- 0

㉗ 17
- 14

㉘ 16
- 7

㉙ 8
- 1

㉚ 13
- 8

㉛ 20
- 9

㉜ 2
- 1

㉝ 12
- 12

㉞ 0
- 0

㉟ 20
- 19

①
20
- 19

②
11
- 0

③
14
- 6

④
12
- 11

⑤
17
- 3

⑥
4
- 2

⑦
20
- 6

⑧
12
- 1

⑨
18
- 3

⑩
20
- 5

⑪
19
- 18

⑫
4
- 3

⑬
17
- 13

⑭
20
- 5

⑮
17
- 15

⑯
4
- 1

⑰
14
- 12

⑱
1
- 0

⑲
16
- 6

⑳
17
- 13

㉑
18
- 0

㉒
19
- 17

㉓
20
- 4

㉔
15
- 13

㉕
20
- 7

㉖
1
- 0

㉗
20
- 20

㉘
17
- 6

㉙
20
- 9

㉚
15
- 11

㉛
12
- 10

㉜
9
- 2

㉝
16
- 0

㉞
5
- 4

㉟
6
- 3

①
```
   16
-   5
```

②
```
    8
-   6
```

③
```
   18
-  16
```

④
```
    4
-   1
```

⑤
```
   20
-  20
```

⑥
```
    8
-   6
```

⑦
```
   19
-  19
```

⑧
```
    9
-   7
```

⑨
```
   16
-  13
```

⑩
```
   18
-   2
```

⑪
```
   16
-  11
```

⑫
```
    2
-   1
```

⑬
```
    4
-   2
```

⑭
```
    2
-   0
```

⑮
```
   11
-   3
```

⑯
```
   18
-   7
```

⑰
```
   17
-  17
```

⑱
```
    6
-   5
```

⑲
```
   19
-  12
```

⑳
```
    9
-   7
```

㉑
```
    2
-   2
```

㉒
```
    7
-   3
```

㉓
```
   17
-  11
```

㉔
```
    0
-   0
```

㉕
```
   16
-  11
```

㉖
```
    8
-   0
```

㉗
```
   18
-   3
```

㉘
```
    8
-   4
```

㉙
```
   16
-  12
```

㉚
```
   19
-   6
```

㉛
```
   13
-  11
```

㉜
```
   11
-   6
```

㉝
```
   13
-  11
```

㉞
```
   19
-  11
```

㉟
```
   15
-  15
```

①
16
- 14

②
2
- 1

③
10
- 6

④
4
- 3

⑤
20
- 18

⑥
16
- 13

⑦
20
- 5

⑧
15
- 10

⑨
19
- 19

⑩
17
- 0

⑪
19
- 19

⑫
16
- 15

⑬
6
- 5

⑭
10
- 1

⑮
13
- 7

⑯
19
- 15

⑰
20
- 10

⑱
15
- 13

⑲
13
- 7

⑳
3
- 2

㉑
18
- 6

㉒
4
- 3

㉓
17
- 3

㉔
3
- 0

㉕
12
- 1

㉖
6
- 5

㉗
10
- 9

㉘
17
- 13

㉙
18
- 9

㉚
5
- 4

㉛
11
- 2

㉜
18
- 15

㉝
12
- 11

㉞
9
- 0

㉟
19
- 18

①
```
    18
-   17
_____
```

②
```
     6
-    3
_____
```

③
```
    18
-   15
_____
```

④
```
     7
-    4
_____
```

⑤
```
    18
-   16
_____
```

⑥
```
     6
-    4
_____
```

⑦
```
    11
-   11
_____
```

⑧
```
    17
-    9
_____
```

⑨
```
    20
-   18
_____
```

⑩
```
     3
-    0
_____
```

⑪
```
    18
-    7
_____
```

⑫
```
    18
-    7
_____
```

⑬
```
    10
-    0
_____
```

⑭
```
    19
-    8
_____
```

⑮
```
    15
-   15
_____
```

⑯
```
    15
-    2
_____
```

⑰
```
    19
-   14
_____
```

⑱
```
    17
-    3
_____
```

⑲
```
    13
-    4
_____
```

⑳
```
     0
-    0
_____
```

㉑
```
    20
-   18
_____
```

㉒
```
     9
-    5
_____
```

㉓
```
    12
-    3
_____
```

㉔
```
    12
-    8
_____
```

㉕
```
    14
-    3
_____
```

㉖
```
     6
-    0
_____
```

㉗
```
    19
-   15
_____
```

㉘
```
    14
-    6
_____
```

㉙
```
     9
-    7
_____
```

㉚
```
    20
-   19
_____
```

㉛
```
     4
-    4
_____
```

㉜
```
     9
-    4
_____
```

㉝
```
    13
-    7
_____
```

㉞
```
    18
-   10
_____
```

㉟
```
    20
-   10
_____
```

①
```
  20
- 20
----
```

②
```
   9
-  6
----
```

③
```
  14
- 14
----
```

④
```
  17
-  0
----
```

⑤
```
  19
- 19
----
```

⑥
```
  11
-  2
----
```

⑦
```
  18
-  7
----
```

⑧
```
  15
- 10
----
```

⑨
```
  16
- 15
----
```

⑩
```
  19
- 11
----
```

⑪
```
   2
-  1
----
```

⑫
```
  16
-  7
----
```

⑬
```
  17
- 15
----
```

⑭
```
   4
-  0
----
```

⑮
```
  16
-  9
----
```

⑯
```
   3
-  1
----
```

⑰
```
  15
- 10
----
```

⑱
```
  11
-  9
----
```

⑲
```
  19
- 17
----
```

⑳
```
   5
-  1
----
```

㉑
```
   7
-  0
----
```

㉒
```
   5
-  2
----
```

㉓
```
  18
- 12
----
```

㉔
```
   3
-  1
----
```

㉕
```
  12
- 12
----
```

㉖
```
  13
- 11
----
```

㉗
```
  20
- 15
----
```

㉘
```
  10
-  6
----
```

㉙
```
  11
-  1
----
```

㉚
```
  12
-  5
----
```

㉛
```
  17
-  6
----
```

㉜
```
  14
- 12
----
```

㉝
```
  10
-  1
----
```

㉞
```
  11
-  0
----
```

㉟
```
  12
- 12
----
```

① 16
- 0

② 2
- 0

③ 17
- 3

④ 20
- 17

⑤ 5
- 4

⑥ 7
- 3

⑦ 20
- 17

⑧ 3
- 0

⑨ 11
- 11

⑩ 18
- 3

⑪ 20
- 1

⑫ 14
- 12

⑬ 14
- 9

⑭ 12
- 6

⑮ 13
- 11

⑯ 20
- 14

⑰ 19
- 18

⑱ 3
- 2

⑲ 20
- 20

⑳ 6
- 1

㉑ 16
- 7

㉒ 13
- 10

㉓ 14
- 5

㉔ 17
- 14

㉕ 19
- 6

㉖ 5
- 2

㉗ 12
- 3

㉘ 7
- 3

㉙ 11
- 6

㉚ 18
- 1

㉛ 19
- 18

㉜ 19
- 12

㉝ 10
- 1

㉞ 20
- 2

㉟ 16
- 4

①
```
   20
-  14
-----
```

②
```
   18
-   7
-----
```

③
```
   19
-   5
-----
```

④
```
   17
-  10
-----
```

⑤
```
    5
-   2
-----
```

⑥
```
   17
-   4
-----
```

⑦
```
    4
-   2
-----
```

⑧
```
   13
-   2
-----
```

⑨
```
   13
-   8
-----
```

⑩
```
   17
-  10
-----
```

⑪
```
   10
-   7
-----
```

⑫
```
   10
-   2
-----
```

⑬
```
   15
-  12
-----
```

⑭
```
   11
-   8
-----
```

⑮
```
   18
-   9
-----
```

⑯
```
   19
-  14
-----
```

⑰
```
   17
-  12
-----
```

⑱
```
   17
-  13
-----
```

⑲
```
   15
-  10
-----
```

⑳
```
   16
-   2
-----
```

㉑
```
   14
-   6
-----
```

㉒
```
    7
-   3
-----
```

㉓
```
   15
-  13
-----
```

㉔
```
    7
-   4
-----
```

㉕
```
   20
-  15
-----
```

㉖
```
   20
-  15
-----
```

㉗
```
   19
-  11
-----
```

㉘
```
   18
-  13
-----
```

㉙
```
   19
-  16
-----
```

㉚
```
   18
-   5
-----
```

㉛
```
   19
-  10
-----
```

㉜
```
   19
-  12
-----
```

㉝
```
   18
-  15
-----
```

㉞
```
    8
-   4
-----
```

㉟
```
   11
-   5
-----
```

①
```
  10
-  4
```

②
```
  12
-  7
```

③
```
  20
- 17
```

④
```
  18
- 16
```

⑤
```
   9
-  6
```

⑥
```
  18
-  9
```

⑦
```
   8
-  2
```

⑧
```
   9
-  6
```

⑨
```
  16
-  2
```

⑩
```
  14
-  6
```

⑪
```
  15
- 10
```

⑫
```
  13
-  5
```

⑬
```
  16
- 14
```

⑭
```
  20
-  4
```

⑮
```
  20
- 17
```

⑯
```
  12
-  6
```

⑰
```
  19
- 14
```

⑱
```
  10
-  7
```

⑲
```
  11
-  5
```

⑳
```
  16
-  8
```

㉑
```
   6
-  2
```

㉒
```
  13
-  5
```

㉓
```
  12
-  2
```

㉔
```
   7
-  5
```

㉕
```
  20
-  5
```

㉖
```
   4
-  2
```

㉗
```
  19
- 13
```

㉘
```
  18
-  9
```

㉙
```
  19
-  2
```

㉚
```
  16
-  2
```

㉛
```
  18
- 12
```

㉜
```
   6
-  4
```

㉝
```
  14
- 11
```

㉞
```
   6
-  2
```

㉟
```
  14
-  6
```

①
20
- 15

②
18
- 15

③
20
- 5

④
18
- 4

⑤
20
- 18

⑥
10
- 6

⑦
9
- 5

⑧
9
- 2

⑨
14
- 2

⑩
7
- 2

⑪
16
- 11

⑫
12
- 10

⑬
20
- 9

⑭
8
- 3

⑮
18
- 14

⑯
6
- 3

⑰
9
- 5

⑱
14
- 2

⑲
11
- 6

⑳
7
- 5

㉑
20
- 7

㉒
15
- 12

㉓
18
- 16

㉔
16
- 11

㉕
12
- 8

㉖
14
- 4

㉗
10
- 6

㉘
10
- 3

㉙
19
- 16

㉚
20
- 12

㉛
12
- 4

㉜
7
- 2

㉝
17
- 5

㉞
13
- 6

㉟
6
- 3

①
20
- 9

②
19
- 11

③
17
- 5

④
15
- 11

⑤
20
- 16

⑥
19
- 6

⑦
4
- 2

⑧
12
- 6

⑨
14
- 12

⑩
12
- 2

⑪
12
- 2

⑫
19
- 4

⑬
7
- 4

⑭
6
- 2

⑮
12
- 10

⑯
4
- 2

⑰
20
- 18

⑱
20
- 4

⑲
20
- 18

⑳
5
- 3

㉑
8
- 3

㉒
17
- 5

㉓
15
- 7

㉔
7
- 2

㉕
20
- 11

㉖
15
- 2

㉗
16
- 4

㉘
12
- 7

㉙
14
- 10

㉚
20
- 12

㉛
12
- 10

㉜
8
- 6

㉝
17
- 15

㉞
10
- 4

㉟
10
- 5

①
```
  18
- 15
```

②
```
  18
-  8
```

③
```
  15
-  2
```

④
```
  13
-  4
```

⑤
```
  16
- 13
```

⑥
```
  16
-  2
```

⑦
```
  14
- 12
```

⑧
```
  13
-  7
```

⑨
```
  17
- 14
```

⑩
```
  20
-  3
```

⑪
```
  10
-  7
```

⑫
```
   8
-  3
```

⑬
```
  19
- 17
```

⑭
```
  10
-  8
```

⑮
```
  14
-  7
```

⑯
```
  14
-  9
```

⑰
```
  13
-  8
```

⑱
```
  11
-  4
```

⑲
```
  20
- 16
```

⑳
```
  13
-  6
```

㉑
```
  16
- 13
```

㉒
```
   9
-  7
```

㉓
```
  18
-  6
```

㉔
```
  12
-  7
```

㉕
```
  18
-  4
```

㉖
```
  18
- 16
```

㉗
```
  19
-  4
```

㉘
```
  17
-  9
```

㉙
```
  20
- 15
```

㉚
```
  10
-  8
```

㉛
```
  10
-  7
```

㉜
```
   6
-  2
```

㉝
```
  20
- 10
```

㉞
```
  12
- 10
```

㉟
```
   8
-  5
```

①
```
   17
-  15
```

②
```
   12
-   9
```

③
```
   17
-  14
```

④
```
    9
-   4
```

⑤
```
   17
-   5
```

⑥
```
    7
-   3
```

⑦
```
   15
-   2
```

⑧
```
   15
-   6
```

⑨
```
   20
-  10
```

⑩
```
   12
-   5
```

⑪
```
   19
-   5
```

⑫
```
    7
-   2
```

⑬
```
   17
-  15
```

⑭
```
    4
-   2
```

⑮
```
   20
-  17
```

⑯
```
   13
-   4
```

⑰
```
   16
-  14
```

⑱
```
    8
-   6
```

⑲
```
   18
-   6
```

⑳
```
   17
-   7
```

㉑
```
   16
-  12
```

㉒
```
   20
-   8
```

㉓
```
   12
-   4
```

㉔
```
    9
-   5
```

㉕
```
    9
-   2
```

㉖
```
   10
-   7
```

㉗
```
   20
-  18
```

㉘
```
    5
-   3
```

㉙
```
   19
-  16
```

㉚
```
   16
-  10
```

㉛
```
   18
-  10
```

㉜
```
   19
-   7
```

㉝
```
   17
-   4
```

㉞
```
   20
-  13
```

㉟
```
   19
-  16
```

①
$$\begin{array}{r} 18 \\ -\ 16 \\ \hline \end{array}$$

②
$$\begin{array}{r} 15 \\ -\ 10 \\ \hline \end{array}$$

③
$$\begin{array}{r} 20 \\ -\ 18 \\ \hline \end{array}$$

④
$$\begin{array}{r} 20 \\ -\ 4 \\ \hline \end{array}$$

⑤
$$\begin{array}{r} 20 \\ -\ 15 \\ \hline \end{array}$$

⑥
$$\begin{array}{r} 13 \\ -\ 5 \\ \hline \end{array}$$

⑦
$$\begin{array}{r} 12 \\ -\ 6 \\ \hline \end{array}$$

⑧
$$\begin{array}{r} 15 \\ -\ 12 \\ \hline \end{array}$$

⑨
$$\begin{array}{r} 20 \\ -\ 17 \\ \hline \end{array}$$

⑩
$$\begin{array}{r} 14 \\ -\ 7 \\ \hline \end{array}$$

⑪
$$\begin{array}{r} 18 \\ -\ 12 \\ \hline \end{array}$$

⑫
$$\begin{array}{r} 20 \\ -\ 16 \\ \hline \end{array}$$

⑬
$$\begin{array}{r} 19 \\ -\ 17 \\ \hline \end{array}$$

⑭
$$\begin{array}{r} 13 \\ -\ 4 \\ \hline \end{array}$$

⑮
$$\begin{array}{r} 18 \\ -\ 14 \\ \hline \end{array}$$

⑯
$$\begin{array}{r} 17 \\ -\ 6 \\ \hline \end{array}$$

⑰
$$\begin{array}{r} 12 \\ -\ 4 \\ \hline \end{array}$$

⑱
$$\begin{array}{r} 6 \\ -\ 2 \\ \hline \end{array}$$

⑲
$$\begin{array}{r} 17 \\ -\ 10 \\ \hline \end{array}$$

⑳
$$\begin{array}{r} 13 \\ -\ 9 \\ \hline \end{array}$$

㉑
$$\begin{array}{r} 17 \\ -\ 10 \\ \hline \end{array}$$

㉒
$$\begin{array}{r} 15 \\ -\ 5 \\ \hline \end{array}$$

㉓
$$\begin{array}{r} 16 \\ -\ 8 \\ \hline \end{array}$$

㉔
$$\begin{array}{r} 4 \\ -\ 2 \\ \hline \end{array}$$

㉕
$$\begin{array}{r} 17 \\ -\ 4 \\ \hline \end{array}$$

㉖
$$\begin{array}{r} 19 \\ -\ 16 \\ \hline \end{array}$$

㉗
$$\begin{array}{r} 15 \\ -\ 8 \\ \hline \end{array}$$

㉘
$$\begin{array}{r} 11 \\ -\ 6 \\ \hline \end{array}$$

㉙
$$\begin{array}{r} 17 \\ -\ 15 \\ \hline \end{array}$$

㉚
$$\begin{array}{r} 18 \\ -\ 5 \\ \hline \end{array}$$

㉛
$$\begin{array}{r} 18 \\ -\ 14 \\ \hline \end{array}$$

㉜
$$\begin{array}{r} 5 \\ -\ 3 \\ \hline \end{array}$$

㉝
$$\begin{array}{r} 16 \\ -\ 13 \\ \hline \end{array}$$

㉞
$$\begin{array}{r} 4 \\ -\ 2 \\ \hline \end{array}$$

㉟
$$\begin{array}{r} 19 \\ -\ 9 \\ \hline \end{array}$$

① 19 − 12

② 16 − 14

③ 19 − 9

④ 12 − 4

⑤ 14 − 3

⑥ 5 − 3

⑦ 5 − 3

⑧ 5 − 3

⑨ 15 − 13

⑩ 14 − 2

⑪ 18 − 16

⑫ 18 − 9

⑬ 20 − 14

⑭ 5 − 3

⑮ 17 − 14

⑯ 11 − 6

⑰ 7 − 3

⑱ 8 − 5

⑲ 12 − 5

⑳ 5 − 2

㉑ 8 − 2

㉒ 9 − 7

㉓ 20 − 16

㉔ 14 − 3

㉕ 12 − 8

㉖ 17 − 6

㉗ 19 − 17

㉘ 16 − 13

㉙ 20 − 17

㉚ 20 − 13

㉛ 17 − 14

㉜ 12 − 5

㉝ 16 − 11

㉞ 9 − 3

㉟ 5 − 2

①
```
  14
-  7
____
```

②
```
  11
-  4
____
```

③
```
  14
-  9
____
```

④
```
  18
- 10
____
```

⑤
```
   7
-  2
____
```

⑥
```
   5
-  2
____
```

⑦
```
   7
-  3
____
```

⑧
```
  13
-  9
____
```

⑨
```
  14
- 12
____
```

⑩
```
  10
-  6
____
```

⑪
```
  11
-  7
____
```

⑫
```
  12
-  7
____
```

⑬
```
  18
- 15
____
```

⑭
```
   8
-  4
____
```

⑮
```
  16
-  5
____
```

⑯
```
  20
-  3
____
```

⑰
```
  18
-  9
____
```

⑱
```
   6
-  2
____
```

⑲
```
  18
- 11
____
```

⑳
```
  19
-  2
____
```

㉑
```
  14
-  5
____
```

㉒
```
   9
-  2
____
```

㉓
```
  19
- 17
____
```

㉔
```
  20
- 16
____
```

㉕
```
  20
-  3
____
```

㉖
```
  15
-  6
____
```

㉗
```
  18
- 14
____
```

㉘
```
  14
-  5
____
```

㉙
```
  20
- 18
____
```

㉚
```
   5
-  3
____
```

㉛
```
  20
- 12
____
```

㉜
```
   6
-  4
____
```

㉝
```
  19
- 10
____
```

㉞
```
   4
-  2
____
```

㉟
```
   5
-  2
____
```

①
20
- 18

②
13
- 3

③
20
- 18

④
18
- 12

⑤
19
- 15

⑥
19
- 14

⑦
4
- 2

⑧
7
- 4

⑨
18
- 15

⑩
5
- 3

⑪
10
- 5

⑫
20
- 13

⑬
20
- 14

⑭
13
- 7

⑮
15
- 11

⑯
19
- 2

⑰
12
- 3

⑱
13
- 3

⑲
7
- 3

⑳
8
- 4

㉑
6
- 4

㉒
13
- 11

㉓
20
- 9

㉔
6
- 4

㉕
19
- 16

㉖
7
- 5

㉗
10
- 6

㉘
16
- 12

㉙
20
- 17

㉚
6
- 2

㉛
18
- 13

㉜
14
- 2

㉝
16
- 6

㉞
10
- 5

㉟
8
- 5

①
19
- 4

②
19
- 5

③
16
- 13

④
12
- 9

⑤
12
- 10

⑥
18
- 6

⑦
14
- 5

⑧
11
- 6

⑨
20
- 4

⑩
10
- 7

⑪
18
- 7

⑫
12
- 10

⑬
14
- 6

⑭
12
- 7

⑮
17
- 3

⑯
7
- 3

⑰
20
- 17

⑱
13
- 2

⑲
11
- 7

⑳
13
- 10

㉑
16
- 10

㉒
14
- 11

㉓
19
- 17

㉔
12
- 2

㉕
12
- 10

㉖
8
- 3

㉗
18
- 12

㉘
19
- 6

㉙
9
- 6

㉚
19
- 10

㉛
8
- 2

㉜
18
- 3

㉝
16
- 10

㉞
4
- 2

㉟
20
- 12

①
$$\begin{array}{r} 20 \\ -\ 17 \\ \hline \end{array}$$

②
$$\begin{array}{r} 20 \\ -\ 13 \\ \hline \end{array}$$

③
$$\begin{array}{r} 10 \\ -\ 2 \\ \hline \end{array}$$

④
$$\begin{array}{r} 11 \\ -\ 6 \\ \hline \end{array}$$

⑤
$$\begin{array}{r} 18 \\ -\ 15 \\ \hline \end{array}$$

⑥
$$\begin{array}{r} 4 \\ -\ 2 \\ \hline \end{array}$$

⑦
$$\begin{array}{r} 4 \\ -\ 2 \\ \hline \end{array}$$

⑧
$$\begin{array}{r} 4 \\ -\ 2 \\ \hline \end{array}$$

⑨
$$\begin{array}{r} 20 \\ -\ 10 \\ \hline \end{array}$$

⑩
$$\begin{array}{r} 17 \\ -\ 4 \\ \hline \end{array}$$

⑪
$$\begin{array}{r} 16 \\ -\ 13 \\ \hline \end{array}$$

⑫
$$\begin{array}{r} 11 \\ -\ 7 \\ \hline \end{array}$$

⑬
$$\begin{array}{r} 6 \\ -\ 4 \\ \hline \end{array}$$

⑭
$$\begin{array}{r} 13 \\ -\ 5 \\ \hline \end{array}$$

⑮
$$\begin{array}{r} 16 \\ -\ 7 \\ \hline \end{array}$$

⑯
$$\begin{array}{r} 19 \\ -\ 5 \\ \hline \end{array}$$

⑰
$$\begin{array}{r} 16 \\ -\ 8 \\ \hline \end{array}$$

⑱
$$\begin{array}{r} 19 \\ -\ 17 \\ \hline \end{array}$$

⑲
$$\begin{array}{r} 19 \\ -\ 15 \\ \hline \end{array}$$

⑳
$$\begin{array}{r} 19 \\ -\ 5 \\ \hline \end{array}$$

㉑
$$\begin{array}{r} 17 \\ -\ 11 \\ \hline \end{array}$$

㉒
$$\begin{array}{r} 19 \\ -\ 12 \\ \hline \end{array}$$

㉓
$$\begin{array}{r} 19 \\ -\ 17 \\ \hline \end{array}$$

㉔
$$\begin{array}{r} 5 \\ -\ 2 \\ \hline \end{array}$$

㉕
$$\begin{array}{r} 11 \\ -\ 9 \\ \hline \end{array}$$

㉖
$$\begin{array}{r} 8 \\ -\ 3 \\ \hline \end{array}$$

㉗
$$\begin{array}{r} 19 \\ -\ 17 \\ \hline \end{array}$$

㉘
$$\begin{array}{r} 6 \\ -\ 4 \\ \hline \end{array}$$

㉙
$$\begin{array}{r} 15 \\ -\ 8 \\ \hline \end{array}$$

㉚
$$\begin{array}{r} 11 \\ -\ 9 \\ \hline \end{array}$$

㉛
$$\begin{array}{r} 18 \\ -\ 15 \\ \hline \end{array}$$

㉜
$$\begin{array}{r} 20 \\ -\ 16 \\ \hline \end{array}$$

㉝
$$\begin{array}{r} 19 \\ -\ 14 \\ \hline \end{array}$$

㉞
$$\begin{array}{r} 4 \\ -\ 2 \\ \hline \end{array}$$

㉟
$$\begin{array}{r} 12 \\ -\ 7 \\ \hline \end{array}$$

①
```
    18
 -  10
```

②
```
     7
 -   3
```

③
```
    15
 -   7
```

④
```
    14
 -  11
```

⑤
```
    18
 -  16
```

⑥
```
    12
 -   3
```

⑦
```
     8
 -   3
```

⑧
```
     8
 -   5
```

⑨
```
    20
 -  11
```

⑩
```
    13
 -   5
```

⑪
```
    17
 -   3
```

⑫
```
    15
 -   7
```

⑬
```
    20
 -  10
```

⑭
```
    16
 -  11
```

⑮
```
    18
 -   4
```

⑯
```
    18
 -  15
```

⑰
```
    17
 -  14
```

⑱
```
     8
 -   4
```

⑲
```
    19
 -  13
```

⑳
```
     8
 -   5
```

㉑
```
    19
 -  17
```

㉒
```
     5
 -   3
```

㉓
```
    19
 -  11
```

㉔
```
     4
 -   2
```

㉕
```
    20
 -  17
```

㉖
```
    15
 -   9
```

㉗
```
    20
 -  18
```

㉘
```
    19
 -  17
```

㉙
```
    20
 -  17
```

㉚
```
     8
 -   4
```

㉛
```
    16
 -   4
```

㉜
```
     9
 -   2
```

㉝
```
    19
 -  17
```

㉞
```
    18
 -  11
```

㉟
```
     6
 -   3
```

①
```
    8
-   5
____
```

②
```
   14
-   8
____
```

③
```
   13
-  11
____
```

④
```
    8
-   3
____
```

⑤
```
   18
-  13
____
```

⑥
```
    5
-   3
____
```

⑦
```
   15
-   6
____
```

⑧
```
   17
-   7
____
```

⑨
```
   18
-  15
____
```

⑩
```
    5
-   3
____
```

⑪
```
   20
-  14
____
```

⑫
```
   12
-   4
____
```

⑬
```
   15
-  10
____
```

⑭
```
    9
-   2
____
```

⑮
```
   16
-  14
____
```

⑯
```
    5
-   3
____
```

⑰
```
   16
-  13
____
```

⑱
```
   10
-   7
____
```

⑲
```
   20
-  18
____
```

⑳
```
    6
-   4
____
```

㉑
```
   17
-   2
____
```

㉒
```
    8
-   4
____
```

㉓
```
   16
-   7
____
```

㉔
```
    4
-   2
____
```

㉕
```
   18
-  15
____
```

㉖
```
    7
-   2
____
```

㉗
```
   15
-  11
____
```

㉘
```
    9
-   2
____
```

㉙
```
   20
-   8
____
```

㉚
```
   13
-   5
____
```

㉛
```
   15
-   3
____
```

㉜
```
    6
-   3
____
```

㉝
```
   14
-   4
____
```

㉞
```
   14
-   7
____
```

㉟
```
   15
-   7
____
```

①
```
   18
-  16
```

②
```
   5
-  3
```

③
```
   19
-  10
```

④
```
   11
-   7
```

⑤
```
   20
-  13
```

⑥
```
   6
-  3
```

⑦
```
   7
-  3
```

⑧
```
   20
-  10
```

⑨
```
   20
-  18
```

⑩
```
   12
-  10
```

⑪
```
   20
-  16
```

⑫
```
   13
-   6
```

⑬
```
   16
-  12
```

⑭
```
   5
-  2
```

⑮
```
   20
-  17
```

⑯
```
   13
-   9
```

⑰
```
   9
-  4
```

⑱
```
   16
-   3
```

⑲
```
   15
-  11
```

⑳
```
   13
-   2
```

㉑
```
   9
-  3
```

㉒
```
   16
-  11
```

㉓
```
   13
-   7
```

㉔
```
   15
-  12
```

㉕
```
   12
-   3
```

㉖
```
   12
-  10
```

㉗
```
   18
-  16
```

㉘
```
   13
-  11
```

㉙
```
   20
-  17
```

㉚
```
   8
-  4
```

㉛
```
   16
-  11
```

㉜
```
   19
-   9
```

㉝
```
   20
-  18
```

㉞
```
   7
-  2
```

㉟
```
   13
-  2
```

① 20
  - 17

② 9
  - 5

③ 20
  - 18

④ 20
  - 9

⑤ 11
  - 8

⑥ 12
  - 4

⑦ 5
  - 2

⑧ 13
  - 6

⑨ 18
  - 16

⑩ 5
  - 3

⑪ 13
  - 7

⑫ 7
  - 4

⑬ 19
  - 4

⑭ 15
  - 12

⑮ 19
  - 13

⑯ 11
  - 7

⑰ 19
  - 16

⑱ 18
  - 11

⑲ 11
  - 4

⑳ 5
  - 2

㉑ 7
  - 2

㉒ 17
  - 12

㉓ 13
  - 8

㉔ 7
  - 4

㉕ 20
  - 18

㉖ 11
  - 3

㉗ 15
  - 9

㉘ 18
  - 4

㉙ 8
  - 6

㉚ 20
  - 18

㉛ 20
  - 11

㉜ 8
  - 2

㉝ 14
  - 3

㉞ 4
  - 2

㉟ 19
  - 9

①
```
    18
 -  12
```

②
```
     8
 -   4
```

③
```
    20
 -  15
```

④
```
    16
 -   5
```

⑤
```
    18
 -  14
```

⑥
```
    11
 -   5
```

⑦
```
    12
 -   2
```

⑧
```
    14
 -   5
```

⑨
```
    13
 -  10
```

⑩
```
     8
 -   2
```

⑪
```
    15
 -  11
```

⑫
```
     6
 -   4
```

⑬
```
    20
 -  17
```

⑭
```
    17
 -  15
```

⑮
```
    19
 -  11
```

⑯
```
    18
 -  13
```

⑰
```
    19
 -  13
```

⑱
```
     6
 -   3
```

⑲
```
    20
 -  18
```

⑳
```
    17
 -  15
```

㉑
```
    15
 -   8
```

㉒
```
    19
 -  11
```

㉓
```
    19
 -   6
```

㉔
```
     5
 -   2
```

㉕
```
    19
 -  11
```

㉖
```
    13
 -   6
```

㉗
```
    20
 -  18
```

㉘
```
    14
 -  10
```

㉙
```
    14
 -   5
```

㉚
```
    12
 -  10
```

㉛
```
    18
 -  11
```

㉜
```
     4
 -   2
```

㉝
```
    18
 -  13
```

㉞
```
    16
 -   5
```

㉟
```
    14
 -  11
```

①
```
   20
-  16
```

②
```
    4
-   2
```

③
```
   15
-  11
```

④
```
    4
-   2
```

⑤
```
   20
-  17
```

⑥
```
    5
-   3
```

⑦
```
    8
-   2
```

⑧
```
   12
-   5
```

⑨
```
   20
-   3
```

⑩
```
    6
-   2
```

⑪
```
   15
-   4
```

⑫
```
   11
-   9
```

⑬
```
   15
-   8
```

⑭
```
    4
-   2
```

⑮
```
    5
-   2
```

⑯
```
   16
-   9
```

⑰
```
   20
-  17
```

⑱
```
   14
-   2
```

⑲
```
   15
-  11
```

⑳
```
   15
-   8
```

㉑
```
   19
-  10
```

㉒
```
   15
-   9
```

㉓
```
   18
-  11
```

㉔
```
    6
-   2
```

㉕
```
   17
-  10
```

㉖
```
    4
-   2
```

㉗
```
   20
-  11
```

㉘
```
   13
-   2
```

㉙
```
   15
-  13
```

㉚
```
    5
-   2
```

㉛
```
   19
-  17
```

㉜
```
   16
-  12
```

㉝
```
   17
-  12
```

㉞
```
   19
-   7
```

㉟
```
   14
-   7
```

①
  9
- 7

②
  14
- 3

③
  20
- 6

④
  15
- 4

⑤
  19
- 9

⑥
  12
- 4

⑦
  15
- 4

⑧
  6
- 3

⑨
  11
- 7

⑩
  5
- 2

⑪
  19
- 11

⑫
  7
- 3

⑬
  19
- 15

⑭
  8
- 3

⑮
  20
- 18

⑯
  6
- 2

⑰
  6
- 2

⑱
  19
- 9

⑲
  20
- 16

⑳
  8
- 4

㉑
  16
- 8

㉒
  8
- 5

㉓
  16
- 4

㉔
  20
- 17

㉕
  14
- 10

㉖
  13
- 7

㉗
  19
- 14

㉘
  12
- 5

㉙
  19
- 11

㉚
  14
- 11

㉛
  16
- 11

㉜
  19
- 14

㉝
  20
- 18

㉞
  5
- 3

㉟
  8
- 4

①
13
−   6

②
18
− 16

③
7
−   3

④
5
−   2

⑤
13
− 10

⑥
12
−   3

⑦
20
−   6

⑧
14
−   4

⑨
8
−   5

⑩
16
− 14

⑪
12
−   8

⑫
7
−   3

⑬
19
− 16

⑭
13
−   5

⑮
10
−   7

⑯
14
− 10

⑰
20
− 18

⑱
20
− 17

⑲
16
− 11

⑳
4
−   2

㉑
9
−   6

㉒
16
−   2

㉓
16
− 11

㉔
17
−   3

㉕
20
− 14

㉖
9
−   2

㉗
17
−   7

㉘
20
− 16

㉙
13
−   3

㉚
5
−   3

㉛
11
−   8

㉜
12
−   9

㉝
17
−   4

㉞
12
−   6

㉟
8
−   3

ANSWERS

Worksheet   1

①	6	②	10	③	8	④	4	⑤	5	⑥	1	⑦	5
⑧	0	⑨	3	⑩	2	⑪	8	⑫	5	⑬	4	⑭	0
⑮	8	⑯	7	⑰	10	⑱	0	⑲	0	⑳	9	㉑	1
㉒	0	㉓	8	㉔	8	㉕	0	㉖	1	㉗	7	㉘	7
㉙	5	㉚	0	㉛	7	㉜	8	㉝	9	㉞	4	㉟	6

Worksheet   2

①	4	②	10	③	3	④	4	⑤	3	⑥	9	⑦	0
⑧	1	⑨	8	⑩	2	⑪	5	⑫	1	⑬	10	⑭	9
⑮	6	⑯	7	⑰	9	⑱	3	⑲	6	⑳	7	㉑	9
㉒	0	㉓	0	㉔	2	㉕	10	㉖	0	㉗	9	㉘	3
㉙	3	㉚	9	㉛	5	㉜	10	㉝	4	㉞	1	㉟	1

Worksheet   3

①	9	②	8	③	4	④	4	⑤	1	⑥	6	⑦	6
⑧	7	⑨	2	⑩	9	⑪	2	⑫	5	⑬	1	⑭	7
⑮	10	⑯	7	⑰	5	⑱	2	⑲	5	⑳	8	㉑	9
㉒	0	㉓	3	㉔	0	㉕	6	㉖	10	㉗	3	㉘	2
㉙	9	㉚	6	㉛	6	㉜	4	㉝	5	㉞	4	㉟	0

Worksheet   4

①	4	②	7	③	5	④	0	⑤	3	⑥	3	⑦	9
⑧	8	⑨	6	⑩	0	⑪	0	⑫	7	⑬	5	⑭	3
⑮	1	⑯	4	⑰	10	⑱	2	⑲	4	⑳	2	㉑	10
㉒	6	㉓	7	㉔	2	㉕	8	㉖	10	㉗	8	㉘	1
㉙	0	㉚	9	㉛	10	㉜	3	㉝	4	㉞	9	㉟	9

Worksheet 5

①	7	②	9	③	5	④	1	⑤	2	⑥	10	⑦	6
⑧	9	⑨	3	⑩	10	⑪	1	⑫	1	⑬	0	⑭	3
⑮	2	⑯	6	⑰	9	⑱	6	⑲	0	⑳	10	㉑	6
㉒	6	㉓	7	㉔	6	㉕	8	㉖	0	㉗	4	㉘	0
㉙	9	㉚	9	㉛	5	㉜	5	㉝	6	㉞	0	㉟	10

Worksheet 6

①	6	②	10	③	8	④	9	⑤	10	⑥	10	⑦	6
⑧	6	⑨	7	⑩	3	⑪	0	⑫	4	⑬	2	⑭	5
⑮	6	⑯	3	⑰	3	⑱	8	⑲	0	⑳	3	㉑	3
㉒	8	㉓	0	㉔	9	㉕	2	㉖	4	㉗	9	㉘	6
㉙	1	㉚	2	㉛	3	㉜	9	㉝	0	㉞	7	㉟	9

Worksheet 7

①	8	②	1	③	9	④	10	⑤	6	⑥	1	⑦	2
⑧	8	⑨	0	⑩	7	⑪	1	⑫	2	⑬	9	⑭	3
⑮	2	⑯	7	⑰	4	⑱	5	⑲	5	⑳	10	㉑	8
㉒	7	㉓	7	㉔	1	㉕	0	㉖	8	㉗	8	㉘	4
㉙	6	㉚	7	㉛	5	㉜	9	㉝	7	㉞	4	㉟	3

Worksheet 8

①	7	②	9	③	5	④	7	⑤	6	⑥	3	⑦	4
⑧	8	⑨	0	⑩	8	⑪	4	⑫	1	⑬	9	⑭	7
⑮	10	⑯	8	⑰	0	⑱	3	⑲	6	⑳	0	㉑	1
㉒	8	㉓	2	㉔	4	㉕	0	㉖	10	㉗	0	㉘	2
㉙	1	㉚	6	㉛	1	㉜	10	㉝	6	㉞	5	㉟	1

Worksheet 9

①	3	②	3	③	2	④	6	⑤	2	⑥	3	⑦	6
⑧	4	⑨	6	⑩	5	⑪	10	⑫	0	⑬	2	⑭	2
⑮	3	⑯	8	⑰	5	⑱	10	⑲	2	⑳	2	㉑	5
㉒	9	㉓	8	㉔	6	㉕	9	㉖	10	㉗	4	㉘	1
㉙	8	㉚	7	㉛	0	㉜	2	㉝	5	㉞	4	㉟	5

Worksheet 10

① 2	② 8	③ 2	④ 4	⑤ 2	⑥ 10	⑦ 6
⑧ 10	⑨ 9	⑩ 10	⑪ 6	⑫ 4	⑬ 9	⑭ 5
⑮ 5	⑯ 10	⑰ 6	⑱ 5	⑲ 1	⑳ 8	㉑ 7
㉒ 2	㉓ 6	㉔ 0	㉕ 3	㉖ 9	㉗ 10	㉘ 0
㉙ 1	㉚ 3	㉛ 2	㉜ 5	㉝ 10	㉞ 5	㉟ 8

Worksheet 11

① 5	② 6	③ 4	④ 0	⑤ 8	⑥ 10	⑦ 4
⑧ 1	⑨ 2	⑩ 10	⑪ 0	⑫ 5	⑬ 8	⑭ 4
⑮ 8	⑯ 8	⑰ 5	⑱ 10	⑲ 2	⑳ 1	㉑ 6
㉒ 7	㉓ 4	㉔ 4	㉕ 1	㉖ 10	㉗ 6	㉘ 4
㉙ 4	㉚ 1	㉛ 7	㉜ 0	㉝ 8	㉞ 7	㉟ 3

Worksheet 12

① 9	② 7	③ 5	④ 0	⑤ 7	⑥ 1	⑦ 8
⑧ 5	⑨ 9	⑩ 2	⑪ 5	⑫ 8	⑬ 7	⑭ 10
⑮ 9	⑯ 4	⑰ 4	⑱ 1	⑲ 3	⑳ 5	㉑ 2
㉒ 2	㉓ 7	㉔ 1	㉕ 0	㉖ 5	㉗ 3	㉘ 10
㉙ 0	㉚ 2	㉛ 10	㉜ 10	㉝ 4	㉞ 7	㉟ 5

Worksheet 13

① 4	② 6	③ 10	④ 10	⑤ 5	⑥ 0	⑦ 9
⑧ 2	⑨ 4	⑩ 4	⑪ 6	⑫ 10	⑬ 3	⑭ 2
⑮ 0	⑯ 9	⑰ 5	⑱ 0	⑲ 3	⑳ 7	㉑ 6
㉒ 6	㉓ 4	㉔ 4	㉕ 3	㉖ 1	㉗ 7	㉘ 8
㉙ 1	㉚ 7	㉛ 3	㉜ 8	㉝ 1	㉞ 1	㉟ 4

Worksheet 14

① 3	② 10	③ 3	④ 0	⑤ 0	⑥ 10	⑦ 9
⑧ 2	⑨ 2	⑩ 3	⑪ 10	⑫ 4	⑬ 1	⑭ 9
⑮ 1	⑯ 0	⑰ 7	⑱ 8	⑲ 8	⑳ 2	㉑ 0
㉒ 5	㉓ 10	㉔ 3	㉕ 0	㉖ 5	㉗ 4	㉘ 5
㉙ 1	㉚ 1	㉛ 5	㉜ 2	㉝ 3	㉞ 3	㉟ 10

Worksheet 15

① 3	② 7	③ 8	④ 10	⑤ 1	⑥ 7	⑦ 7
⑧ 10	⑨ 2	⑩ 9	⑪ 5	⑫ 10	⑬ 8	⑭ 4
⑮ 8	⑯ 5	⑰ 6	⑱ 9	⑲ 0	⑳ 4	㉑ 1
㉒ 8	㉓ 6	㉔ 8	㉕ 0	㉖ 3	㉗ 10	㉘ 2
㉙ 5	㉚ 9	㉛ 4	㉜ 8	㉝ 1	㉞ 10	㉟ 6

Worksheet 16

① 1	② 3	③ 9	④ 4	⑤ 9	⑥ 1	⑦ 0
⑧ 10	⑨ 5	⑩ 7	⑪ 10	⑫ 10	⑬ 9	⑭ 4
⑮ 5	⑯ 8	⑰ 2	⑱ 2	⑲ 1	⑳ 2	㉑ 8
㉒ 0	㉓ 2	㉔ 3	㉕ 4	㉖ 3	㉗ 4	㉘ 8
㉙ 6	㉚ 5	㉛ 5	㉜ 6	㉝ 0	㉞ 5	㉟ 5

Worksheet 17

① 9	② 8	③ 10	④ 8	⑤ 10	⑥ 1	⑦ 6
⑧ 5	⑨ 6	⑩ 3	⑪ 2	⑫ 4	⑬ 3	⑭ 5
⑮ 1	⑯ 5	⑰ 3	⑱ 10	⑲ 2	⑳ 4	㉑ 6
㉒ 2	㉓ 8	㉔ 2	㉕ 3	㉖ 1	㉗ 6	㉘ 3
㉙ 0	㉚ 7	㉛ 9	㉜ 10	㉝ 6	㉞ 6	㉟ 10

Worksheet 18

① 6	② 6	③ 4	④ 1	⑤ 9	⑥ 2	⑦ 6
⑧ 4	⑨ 4	⑩ 6	⑪ 2	⑫ 4	⑬ 6	⑭ 10
⑮ 7	⑯ 6	⑰ 2	⑱ 8	⑲ 5	⑳ 4	㉑ 2
㉒ 1	㉓ 0	㉔ 5	㉕ 6	㉖ 10	㉗ 3	㉘ 4
㉙ 0	㉚ 5	㉛ 1	㉜ 3	㉝ 1	㉞ 9	㉟ 4

Worksheet 19

① 0	② 3	③ 4	④ 3	⑤ 8	⑥ 4	⑦ 10
⑧ 0	⑨ 9	⑩ 6	⑪ 10	⑫ 1	⑬ 3	⑭ 7
⑮ 9	⑯ 0	⑰ 4	⑱ 4	⑲ 5	⑳ 5	㉑ 0
㉒ 9	㉓ 9	㉔ 6	㉕ 4	㉖ 8	㉗ 10	㉘ 10
㉙ 4	㉚ 1	㉛ 5	㉜ 2	㉝ 9	㉞ 0	㉟ 3

Worksheet 20

① 0	② 4	③ 6	④ 4	⑤ 7	⑥ 5	⑦ 7
⑧ 5	⑨ 10	⑩ 6	⑪ 8	⑫ 9	⑬ 10	⑭ 9
⑮ 0	⑯ 7	⑰ 0	⑱ 9	⑲ 8	⑳ 2	㉑ 9
㉒ 1	㉓ 1	㉔ 7	㉕ 0	㉖ 0	㉗ 4	㉘ 6
㉙ 5	㉚ 1	㉛ 0	㉜ 4	㉝ 9	㉞ 4	㉟ 4

Worksheet 21

① 6	② 1	③ 7	④ 6	⑤ 7	⑥ 1	⑦ 2
⑧ 9	⑨ 6	⑩ 4	⑪ 4	⑫ 4	⑬ 4	⑭ 4
⑮ 3	⑯ 4	⑰ 5	⑱ 3	⑲ 4	⑳ 3	㉑ 2
㉒ 9	㉓ 7	㉔ 8	㉕ 1	㉖ 1	㉗ 6	㉘ 8
㉙ 10	㉚ 3	㉛ 0	㉜ 6	㉝ 6	㉞ 9	㉟ 0

Worksheet 22

① 1	② 6	③ 7	④ 1	⑤ 9	⑥ 1	⑦ 0
⑧ 10	⑨ 3	⑩ 6	⑪ 2	⑫ 8	⑬ 6	⑭ 7
⑮ 8	⑯ 4	⑰ 7	⑱ 3	⑲ 10	⑳ 8	㉑ 2
㉒ 5	㉓ 6	㉔ 9	㉕ 9	㉖ 10	㉗ 9	㉘ 9
㉙ 6	㉚ 6	㉛ 4	㉜ 0	㉝ 1	㉞ 3	㉟ 0

Worksheet 23

① 10	② 8	③ 2	④ 3	⑤ 4	⑥ 0	⑦ 4
⑧ 6	⑨ 0	⑩ 10	⑪ 9	⑫ 6	⑬ 7	⑭ 8
⑮ 7	⑯ 6	⑰ 9	⑱ 2	⑲ 4	⑳ 0	㉑ 10
㉒ 7	㉓ 9	㉔ 10	㉕ 7	㉖ 4	㉗ 10	㉘ 2
㉙ 8	㉚ 2	㉛ 3	㉜ 2	㉝ 2	㉞ 6	㉟ 0

Worksheet 24

① 5	② 1	③ 9	④ 6	⑤ 1	⑥ 9	⑦ 4
⑧ 4	⑨ 2	⑩ 4	⑪ 2	⑫ 2	⑬ 3	⑭ 5
⑮ 5	⑯ 7	⑰ 9	⑱ 1	⑲ 10	⑳ 10	㉑ 3
㉒ 3	㉓ 3	㉔ 6	㉕ 10	㉖ 5	㉗ 2	㉘ 6
㉙ 3	㉚ 8	㉛ 4	㉜ 6	㉝ 5	㉞ 3	㉟ 0

Worksheet 25

① 3	② 3	③ 2	④ 0	⑤ 3	⑥ 5	⑦ 2
⑧ 1	⑨ 8	⑩ 4	⑪ 5	⑫ 1	⑬ 5	⑭ 2
⑮ 10	⑯ 6	⑰ 10	⑱ 0	⑲ 6	⑳ 7	㉑ 4
㉒ 2	㉓ 0	㉔ 3	㉕ 7	㉖ 4	㉗ 5	㉘ 7
㉙ 2	㉚ 7	㉛ 7	㉜ 7	㉝ 0	㉞ 2	㉟ 4

Worksheet 26

① 10	② 0	③ 7	④ 3	⑤ 6	⑥ 7	⑦ 8
⑧ 6	⑨ 3	⑩ 5	⑪ 5	⑫ 5	⑬ 9	⑭ 2
⑮ 4	⑯ 9	⑰ 7	⑱ 7	⑲ 3	⑳ 5	㉑ 4
㉒ 6	㉓ 4	㉔ 6	㉕ 8	㉖ 4	㉗ 6	㉘ 5
㉙ 3	㉚ 6	㉛ 1	㉜ 6	㉝ 5	㉞ 3	㉟ 4

Worksheet 27

① 1	② 8	③ 3	④ 6	⑤ 6	⑥ 0	⑦ 10
⑧ 0	⑨ 4	⑩ 1	⑪ 4	⑫ 0	⑬ 1	⑭ 8
⑮ 7	⑯ 7	⑰ 9	⑱ 9	⑲ 0	⑳ 0	㉑ 8
㉒ 10	㉓ 10	㉔ 2	㉕ 8	㉖ 1	㉗ 7	㉘ 8
㉙ 6	㉚ 2	㉛ 8	㉜ 0	㉝ 8	㉞ 5	㉟ 7

Worksheet 28

① 8	② 8	③ 8	④ 5	⑤ 5	⑥ 10	⑦ 5
⑧ 8	⑨ 10	⑩ 1	⑪ 8	⑫ 7	⑬ 3	⑭ 6
⑮ 5	⑯ 5	⑰ 4	⑱ 0	⑲ 0	⑳ 8	㉑ 8
㉒ 9	㉓ 1	㉔ 9	㉕ 10	㉖ 7	㉗ 10	㉘ 8
㉙ 9	㉚ 2	㉛ 10	㉜ 6	㉝ 4	㉞ 4	㉟ 1

Worksheet 29

① 7	② 8	③ 5	④ 6	⑤ 8	⑥ 7	⑦ 9
⑧ 6	⑨ 6	⑩ 7	⑪ 1	⑫ 3	⑬ 3	⑭ 7
⑮ 2	⑯ 5	⑰ 5	⑱ 7	⑲ 4	⑳ 8	㉑ 10
㉒ 8	㉓ 10	㉔ 8	㉕ 1	㉖ 8	㉗ 5	㉘ 6
㉙ 9	㉚ 3	㉛ 9	㉜ 7	㉝ 7	㉞ 0	㉟ 9

Worksheet 30

① 0	② 5	③ 10	④ 5	⑤ 4	⑥ 7	⑦ 6
⑧ 8	⑨ 4	⑩ 3	⑪ 10	⑫ 3	⑬ 4	⑭ 4
⑮ 2	⑯ 2	⑰ 6	⑱ 1	⑲ 4	⑳ 9	㉑ 5
㉒ 4	㉓ 4	㉔ 0	㉕ 9	㉖ 7	㉗ 9	㉘ 2
㉙ 9	㉚ 7	㉛ 2	㉜ 4	㉝ 5	㉞ 1	㉟ 3

Worksheet 31

① 9	② 7	③ 2	④ 10	⑤ 7	⑥ 5	⑦ 10
⑧ 4	⑨ 9	⑩ 7	⑪ 9	⑫ 3	⑬ 6	⑭ 5
⑮ 6	⑯ 3	⑰ 8	⑱ 9	⑲ 7	⑳ 2	㉑ 6
㉒ 7	㉓ 8	㉔ 4	㉕ 8	㉖ 9	㉗ 4	㉘ 6
㉙ 3	㉚ 2	㉛ 10	㉜ 8	㉝ 7	㉞ 10	㉟ 6

Worksheet 32

① 3	② 6	③ 5	④ 4	⑤ 4	⑥ 2	⑦ 10
⑧ 9	⑨ 9	⑩ 6	⑪ 8	⑫ 4	⑬ 3	⑭ 2
⑮ 2	⑯ 3	⑰ 2	⑱ 9	⑲ 9	⑳ 2	㉑ 2
㉒ 8	㉓ 8	㉔ 2	㉕ 9	㉖ 2	㉗ 9	㉘ 4
㉙ 8	㉚ 2	㉛ 8	㉜ 2	㉝ 7	㉞ 10	㉟ 7

Worksheet 33

① 5	② 9	③ 6	④ 2	⑤ 9	⑥ 9	⑦ 6
⑧ 8	⑨ 7	⑩ 5	⑪ 9	⑫ 3	⑬ 2	⑭ 6
⑮ 7	⑯ 8	⑰ 3	⑱ 3	⑲ 10	⑳ 2	㉑ 9
㉒ 10	㉓ 7	㉔ 8	㉕ 8	㉖ 2	㉗ 8	㉘ 4
㉙ 7	㉚ 3	㉛ 5	㉜ 10	㉝ 2	㉞ 10	㉟ 5

Worksheet 34

① 4	② 4	③ 4	④ 9	⑤ 2	⑥ 2	⑦ 10
⑧ 6	⑨ 6	⑩ 9	⑪ 9	⑫ 6	⑬ 5	⑭ 7
⑮ 3	⑯ 4	⑰ 6	⑱ 2	⑲ 2	⑳ 7	㉑ 7
㉒ 7	㉓ 7	㉔ 2	㉕ 10	㉖ 4	㉗ 6	㉘ 6
㉙ 3	㉚ 6	㉛ 9	㉜ 6	㉝ 10	㉞ 2	㉟ 7

Worksheet 35

① 8	② 6	③ 8	④ 2	⑤ 7	⑥ 7	⑦ 4
⑧ 6	⑨ 8	⑩ 9	⑪ 6	⑫ 7	⑬ 8	⑭ 9
⑮ 7	⑯ 2	⑰ 6	⑱ 3	⑲ 9	⑳ 2	㉑ 9
㉒ 9	㉓ 4	㉔ 3	㉕ 3	㉖ 8	㉗ 3	㉘ 5
㉙ 7	㉚ 4	㉛ 2	㉜ 5	㉝ 8	㉞ 2	㉟ 5

Worksheet 36

① 3	② 6	③ 4	④ 5	⑤ 10	⑥ 5	⑦ 9
⑧ 10	⑨ 10	⑩ 9	⑪ 10	⑫ 7	⑬ 8	⑭ 5
⑮ 10	⑯ 10	⑰ 6	⑱ 3	⑲ 8	⑳ 5	㉑ 7
㉒ 7	㉓ 2	㉔ 5	㉕ 9	㉖ 6	㉗ 7	㉘ 7
㉙ 10	㉚ 3	㉛ 3	㉜ 9	㉝ 10	㉞ 9	㉟ 9

Worksheet 37

① 3	② 6	③ 8	④ 8	⑤ 10	⑥ 10	⑦ 7
⑧ 8	⑨ 9	⑩ 9	⑪ 9	⑫ 2	⑬ 10	⑭ 5
⑮ 9	⑯ 7	⑰ 4	⑱ 5	⑲ 4	⑳ 8	㉑ 8
㉒ 2	㉓ 8	㉔ 3	㉕ 8	㉖ 3	㉗ 6	㉘ 10
㉙ 2	㉚ 9	㉛ 3	㉜ 8	㉝ 6	㉞ 5	㉟ 7

Worksheet 38

① 5	② 9	③ 7	④ 7	⑤ 9	⑥ 10	⑦ 3
⑧ 5	⑨ 7	⑩ 4	⑪ 10	⑫ 9	⑬ 10	⑭ 5
⑮ 4	⑯ 2	⑰ 2	⑱ 3	⑲ 3	⑳ 10	㉑ 5
㉒ 6	㉓ 4	㉔ 8	㉕ 9	㉖ 5	㉗ 5	㉘ 3
㉙ 4	㉚ 7	㉛ 9	㉜ 9	㉝ 4	㉞ 5	㉟ 4

Worksheet 39

① 2	② 3	③ 7	④ 10	⑤ 3	⑥ 6	⑦ 7
⑧ 7	⑨ 4	⑩ 4	⑪ 3	⑫ 2	⑬ 3	⑭ 4
⑮ 6	⑯ 2	⑰ 4	⑱ 5	⑲ 5	⑳ 8	㉑ 5
㉒ 7	㉓ 6	㉔ 3	㉕ 7	㉖ 7	㉗ 9	㉘ 7
㉙ 6	㉚ 9	㉛ 5	㉜ 8	㉝ 2	㉞ 9	㉟ 9

Worksheet 40

①	5	②	7	③	7	④	2	⑤	3	⑥	9	⑦	8
⑧	7	⑨	8	⑩	7	⑪	5	⑫	5	⑬	6	⑭	10
⑮	8	⑯	10	⑰	7	⑱	7	⑲	8	⑳	7	㉑	7
㉒	5	㉓	7	㉔	2	㉕	7	㉖	5	㉗	9	㉘	7
㉙	3	㉚	2	㉛	8	㉜	4	㉝	2	㉞	6	㉟	10

Worksheet 41

①	6	②	2	③	4	④	2	⑤	3	⑥	9	⑦	7
⑧	5	⑨	10	⑩	2	⑪	9	⑫	10	⑬	4	⑭	9
⑮	7	⑯	2	⑰	3	⑱	4	⑲	10	⑳	6	㉑	9
㉒	3	㉓	5	㉔	10	㉕	8	㉖	10	㉗	5	㉘	2
㉙	9	㉚	9	㉛	4	㉜	3	㉝	6	㉞	4	㉟	9

Worksheet 42

①	4	②	3	③	7	④	7	⑤	2	⑥	4	⑦	6
⑧	8	⑨	2	⑩	8	⑪	4	⑫	9	⑬	7	⑭	5
⑮	4	⑯	8	⑰	7	⑱	6	⑲	4	⑳	4	㉑	4
㉒	9	㉓	2	㉔	5	㉕	6	㉖	6	㉗	3	㉘	7
㉙	4	㉚	9	㉛	9	㉜	2	㉝	5	㉞	8	㉟	4

Worksheet 43

①	3	②	10	③	3	④	5	⑤	7	⑥	3	⑦	2
⑧	2	⑨	4	⑩	2	⑪	3	⑫	7	⑬	7	⑭	10
⑮	4	⑯	8	⑰	5	⑱	3	⑲	10	⑳	3	㉑	7
㉒	8	㉓	2	㉔	9	㉕	2	㉖	9	㉗	4	㉘	8
㉙	4	㉚	3	㉛	5	㉜	10	㉝	4	㉞	9	㉟	3

Worksheet 44

①	7	②	5	③	7	④	3	⑤	7	⑥	7	⑦	10
⑧	9	⑨	2	⑩	2	⑪	9	⑫	10	⑬	8	⑭	5
⑮	6	⑯	4	⑰	7	⑱	5	⑲	8	⑳	8	㉑	7
㉒	8	㉓	2	㉔	3	㉕	7	㉖	10	㉗	3	㉘	2
㉙	3	㉚	4	㉛	6	㉜	8	㉝	3	㉞	3	㉟	10

Worksheet 45

①	6	②	8	③	10	④	2	⑤	9	⑥	4	⑦	2
⑧	5	⑨	4	⑩	5	⑪	7	⑫	3	⑬	2	⑭	5
⑮	8	⑯	5	⑰	10	⑱	8	⑲	7	⑳	2	㉑	5
㉒	9	㉓	5	㉔	5	㉕	3	㉖	10	㉗	9	㉘	10
㉙	10	㉚	5	㉛	3	㉜	9	㉝	9	㉞	7	㉟	4

Worksheet 46

①	3	②	6	③	7	④	7	⑤	4	⑥	2	⑦	9
⑧	5	⑨	5	⑩	7	⑪	8	⑫	4	⑬	9	⑭	3
⑮	7	⑯	7	⑰	4	⑱	7	⑲	5	⑳	8	㉑	2
㉒	8	㉓	9	㉔	2	㉕	6	㉖	8	㉗	5	㉘	9
㉙	3	㉚	5	㉛	4	㉜	5	㉝	9	㉞	2	㉟	3

Worksheet 47

①	9	②	2	③	3	④	3	⑤	8	⑥	9	⑦	2
⑧	5	⑨	3	⑩	4	⑪	8	⑫	6	⑬	6	⑭	10
⑮	6	⑯	8	⑰	2	⑱	10	⑲	9	⑳	9	㉑	7
㉒	10	㉓	8	㉔	7	㉕	6	㉖	6	㉗	9	㉘	4
㉙	10	㉚	8	㉛	4	㉜	7	㉝	8	㉞	3	㉟	2

Worksheet 48

①	2	②	2	③	5	④	6	⑤	6	⑥	8	⑦	4
⑧	8	⑨	5	⑩	8	⑪	7	⑫	8	⑬	8	⑭	3
⑮	5	⑯	4	⑰	4	⑱	7	⑲	7	⑳	9	㉑	8
㉒	4	㉓	2	㉔	9	㉕	4	㉖	4	㉗	6	㉘	8
㉙	7	㉚	5	㉛	7	㉜	7	㉝	8	㉞	3	㉟	5

Worksheet 49

①	8	②	8	③	5	④	9	⑤	8	⑥	7	⑦	2
⑧	7	⑨	4	⑩	5	⑪	2	⑫	8	⑬	5	⑭	5
⑮	10	⑯	5	⑰	6	⑱	2	⑲	9	⑳	8	㉑	10
㉒	8	㉓	6	㉔	3	㉕	9	㉖	10	㉗	5	㉘	10
㉙	8	㉚	2	㉛	10	㉜	4	㉝	5	㉞	9	㉟	2

Worksheet 50

①	3	②	10	③	7	④	6	⑤	6	⑥	3	⑦	3
⑧	7	⑨	8	⑩	10	⑪	2	⑫	9	⑬	2	⑭	8
⑮	9	⑯	3	⑰	3	⑱	6	⑲	6	⑳	10	㉑	6
㉒	5	㉓	4	㉔	9	㉕	2	㉖	8	㉗	5	㉘	3
㉙	2	㉚	8	㉛	5	㉜	8	㉝	9	㉞	5	㉟	6

Worksheet 51

①	4	②	6	③	6	④	11	⑤	6	⑥	0	⑦	6
⑧	7	⑨	7	⑩	4	⑪	1	⑫	3	⑬	3	⑭	8
⑮	2	⑯	1	⑰	11	⑱	3	⑲	6	⑳	1	㉑	8
㉒	10	㉓	8	㉔	1	㉕	2	㉖	0	㉗	8	㉘	10
㉙	2	㉚	8	㉛	6	㉜	7	㉝	5	㉞	8	㉟	0

Worksheet 52

①	9	②	2	③	8	④	7	⑤	10	⑥	8	⑦	6
⑧	0	⑨	11	⑩	5	⑪	2	⑫	9	⑬	11	⑭	3
⑮	6	⑯	1	⑰	11	⑱	9	⑲	2	⑳	2	㉑	9
㉒	6	㉓	3	㉔	5	㉕	10	㉖	8	㉗	6	㉘	11
㉙	3	㉚	3	㉛	4	㉜	9	㉝	3	㉞	5	㉟	11

Worksheet 53

①	7	②	0	③	6	④	4	⑤	6	⑥	4	⑦	8
⑧	5	⑨	12	⑩	8	⑪	3	⑫	3	⑬	5	⑭	8
⑮	1	⑯	0	⑰	10	⑱	9	⑲	4	⑳	10	㉑	0
㉒	5	㉓	5	㉔	6	㉕	3	㉖	5	㉗	0	㉘	1
㉙	10	㉚	8	㉛	1	㉜	6	㉝	0	㉞	8	㉟	0

Worksheet 54

①	2	②	3	③	0	④	11	⑤	6	⑥	4	⑦	6
⑧	10	⑨	4	⑩	11	⑪	5	⑫	2	⑬	9	⑭	3
⑮	2	⑯	9	⑰	10	⑱	0	⑲	0	⑳	3	㉑	0
㉒	6	㉓	4	㉔	5	㉕	12	㉖	9	㉗	5	㉘	4
㉙	12	㉚	8	㉛	6	㉜	12	㉝	5	㉞	9	㉟	3

Worksheet 55

① 0	② 3	③ 2	④ 5	⑤ 10	⑥ 11	⑦ 2
⑧ 7	⑨ 8	⑩ 9	⑪ 13	⑫ 8	⑬ 8	⑭ 1
⑮ 5	⑯ 13	⑰ 12	⑱ 0	⑲ 10	⑳ 12	㉑ 4
㉒ 13	㉓ 1	㉔ 2	㉕ 4	㉖ 8	㉗ 4	㉘ 13
㉙ 7	㉚ 7	㉛ 8	㉜ 11	㉝ 10	㉞ 10	㉟ 12

Worksheet 56

① 9	② 8	③ 0	④ 2	⑤ 5	⑥ 10	⑦ 4
⑧ 8	⑨ 8	⑩ 2	⑪ 8	⑫ 6	⑬ 12	⑭ 1
⑮ 5	⑯ 5	⑰ 0	⑱ 0	⑲ 6	⑳ 12	㉑ 4
㉒ 11	㉓ 9	㉔ 10	㉕ 12	㉖ 3	㉗ 7	㉘ 8
㉙ 5	㉚ 0	㉛ 3	㉜ 6	㉝ 0	㉞ 10	㉟ 4

Worksheet 57

① 6	② 12	③ 1	④ 1	⑤ 6	⑥ 14	⑦ 2
⑧ 12	⑨ 4	⑩ 2	⑪ 2	⑫ 14	⑬ 12	⑭ 13
⑮ 8	⑯ 4	⑰ 10	⑱ 14	⑲ 4	⑳ 2	㉑ 8
㉒ 13	㉓ 11	㉔ 11	㉕ 12	㉖ 11	㉗ 13	㉘ 13
㉙ 12	㉚ 6	㉛ 8	㉜ 10	㉝ 9	㉞ 3	㉟ 7

Worksheet 58

① 7	② 12	③ 8	④ 2	⑤ 2	⑥ 7	⑦ 12
⑧ 3	⑨ 2	⑩ 1	⑪ 6	⑫ 9	⑬ 12	⑭ 11
⑮ 0	⑯ 7	⑰ 12	⑱ 14	⑲ 6	⑳ 12	㉑ 12
㉒ 9	㉓ 10	㉔ 3	㉕ 3	㉖ 6	㉗ 6	㉘ 8
㉙ 13	㉚ 10	㉛ 2	㉜ 8	㉝ 0	㉞ 8	㉟ 14

Worksheet 59

① 2	② 8	③ 3	④ 10	⑤ 1	⑥ 2	⑦ 0
⑧ 4	⑨ 4	⑩ 14	⑪ 1	⑫ 6	⑬ 1	⑭ 9
⑮ 8	⑯ 8	⑰ 5	⑱ 10	⑲ 1	⑳ 5	㉑ 4
㉒ 14	㉓ 2	㉔ 2	㉕ 0	㉖ 13	㉗ 0	㉘ 1
㉙ 1	㉚ 4	㉛ 0	㉜ 3	㉝ 5	㉞ 12	㉟ 15

Worksheet 60

①	12	②	2	③	3	④	14	⑤	15	⑥	1	⑦	2
⑧	14	⑨	10	⑩	10	⑪	13	⑫	2	⑬	12	⑭	1
⑮	5	⑯	4	⑰	0	⑱	13	⑲	11	⑳	8	㉑	14
㉒	6	㉓	15	㉔	12	㉕	12	㉖	12	㉗	13	㉘	3
㉙	0	㉚	8	㉛	4	㉜	1	㉝	1	㉞	13	㉟	5

Worksheet 61

①	10	②	15	③	7	④	4	⑤	2	⑥	12	⑦	8
⑧	7	⑨	16	⑩	16	⑪	15	⑫	7	⑬	11	⑭	13
⑮	16	⑯	3	⑰	16	⑱	2	⑲	4	⑳	16	㉑	2
㉒	5	㉓	12	㉔	14	㉕	14	㉖	0	㉗	1	㉘	3
㉙	16	㉚	14	㉛	12	㉜	4	㉝	13	㉞	7	㉟	15

Worksheet 62

①	1	②	10	③	12	④	6	⑤	2	⑥	9	⑦	0
⑧	2	⑨	7	⑩	10	⑪	8	⑫	15	⑬	3	⑭	6
⑮	12	⑯	11	⑰	4	⑱	15	⑲	2	⑳	3	㉑	11
㉒	16	㉓	4	㉔	8	㉕	15	㉖	15	㉗	3	㉘	2
㉙	9	㉚	3	㉛	16	㉜	3	㉝	7	㉞	3	㉟	8

Worksheet 63

①	4	②	1	③	14	④	9	⑤	10	⑥	17	⑦	10
⑧	1	⑨	8	⑩	16	⑪	12	⑫	10	⑬	3	⑭	17
⑮	11	⑯	10	⑰	13	⑱	7	⑲	0	⑳	11	㉑	3
㉒	6	㉓	9	㉔	0	㉕	14	㉖	6	㉗	4	㉘	1
㉙	7	㉚	13	㉛	4	㉜	12	㉝	2	㉞	9	㉟	11

Worksheet 64

①	5	②	16	③	10	④	5	⑤	6	⑥	10	⑦	11
⑧	7	⑨	1	⑩	11	⑪	0	⑫	12	⑬	14	⑭	0
⑮	5	⑯	5	⑰	13	⑱	11	⑲	9	⑳	11	㉑	3
㉒	15	㉓	15	㉔	15	㉕	2	㉖	7	㉗	0	㉘	1
㉙	4	㉚	15	㉛	7	㉜	10	㉝	7	㉞	13	㉟	16

Worksheet 65

① 4	② 18	③ 5	④ 1	⑤ 8	⑥ 11	⑦ 7
⑧ 14	⑨ 16	⑩ 3	⑪ 12	⑫ 18	⑬ 2	⑭ 13
⑮ 3	⑯ 11	⑰ 15	⑱ 10	⑲ 12	⑳ 1	㉑ 16
㉒ 1	㉓ 6	㉔ 2	㉕ 5	㉖ 12	㉗ 8	㉘ 15
㉙ 1	㉚ 1	㉛ 6	㉜ 7	㉝ 7	㉞ 7	㉟ 8

Worksheet 66

① 16	② 8	③ 17	④ 1	⑤ 7	⑥ 15	⑦ 0
⑧ 13	⑨ 13	⑩ 12	⑪ 10	⑫ 3	⑬ 16	⑭ 15
⑮ 10	⑯ 14	⑰ 0	⑱ 9	⑲ 18	⑳ 2	㉑ 4
㉒ 12	㉓ 17	㉔ 14	㉕ 8	㉖ 0	㉗ 17	㉘ 11
㉙ 12	㉚ 10	㉛ 6	㉜ 6	㉝ 7	㉞ 9	㉟ 11

Worksheet 67

① 9	② 7	③ 1	④ 5	⑤ 19	⑥ 17	⑦ 7
⑧ 0	⑨ 15	⑩ 12	⑪ 19	⑫ 12	⑬ 18	⑭ 15
⑮ 11	⑯ 5	⑰ 3	⑱ 6	⑲ 4	⑳ 12	㉑ 2
㉒ 15	㉓ 6	㉔ 12	㉕ 14	㉖ 1	㉗ 7	㉘ 13
㉙ 11	㉚ 11	㉛ 4	㉜ 14	㉝ 19	㉞ 7	㉟ 15

Worksheet 68

① 16	② 6	③ 2	④ 10	⑤ 0	⑥ 5	⑦ 12
⑧ 15	⑨ 8	⑩ 14	⑪ 17	⑫ 8	⑬ 10	⑭ 8
⑮ 7	⑯ 4	⑰ 13	⑱ 17	⑲ 8	⑳ 2	㉑ 17
㉒ 5	㉓ 1	㉔ 12	㉕ 18	㉖ 13	㉗ 11	㉘ 10
㉙ 12	㉚ 19	㉛ 16	㉜ 2	㉝ 16	㉞ 18	㉟ 9

Worksheet 69

① 0	② 20	③ 9	④ 11	⑤ 9	⑥ 8	⑦ 17
⑧ 9	⑨ 2	⑩ 0	⑪ 20	⑫ 19	⑬ 13	⑭ 3
⑮ 1	⑯ 10	⑰ 17	⑱ 7	⑲ 10	⑳ 17	㉑ 20
㉒ 4	㉓ 15	㉔ 2	㉕ 2	㉖ 11	㉗ 8	㉘ 16
㉙ 19	㉚ 20	㉛ 6	㉜ 11	㉝ 4	㉞ 13	㉟ 2

Worksheet 70

①	4	②	19	③	14	④	6	⑤	12	⑥	4	⑦	15
⑧	5	⑨	9	⑩	1	⑪	12	⑫	20	⑬	17	⑭	16
⑮	12	⑯	13	⑰	20	⑱	3	⑲	4	⑳	13	㉑	1
㉒	12	㉓	4	㉔	7	㉕	9	㉖	9	㉗	17	㉘	6
㉙	0	㉚	9	㉛	17	㉜	18	㉝	2	㉞	17	㉟	8

Worksheet 71

①	1	②	9	③	7	④	6	⑤	1	⑥	2	⑦	2
⑧	0	⑨	9	⑩	5	⑪	8	⑫	11	⑬	3	⑭	5
⑮	0	⑯	0	⑰	1	⑱	3	⑲	4	⑳	0	㉑	0
㉒	7	㉓	12	㉔	1	㉕	3	㉖	2	㉗	4	㉘	0
㉙	14	㉚	16	㉛	0	㉜	6	㉝	13	㉞	1	㉟	2

Worksheet 72

①	0	②	1	③	2	④	7	⑤	8	⑥	3	⑦	4
⑧	2	⑨	7	⑩	0	⑪	3	⑫	1	⑬	5	⑭	16
⑮	0	⑯	2	⑰	2	⑱	15	⑲	7	⑳	9	㉑	0
㉒	1	㉓	5	㉔	5	㉕	9	㉖	4	㉗	3	㉘	1
㉙	1	㉚	4	㉛	1	㉜	1	㉝	11	㉞	1	㉟	4

Worksheet 73

①	2	②	1	③	5	④	8	⑤	4	⑥	3	⑦	1
⑧	1	⑨	8	⑩	3	⑪	1	⑫	3	⑬	9	⑭	1
⑮	6	⑯	10	⑰	7	⑱	5	⑲	0	⑳	7	㉑	4
㉒	0	㉓	16	㉔	5	㉕	2	㉖	8	㉗	4	㉘	1
㉙	0	㉚	1	㉛	7	㉜	6	㉝	2	㉞	2	㉟	1

Worksheet 74

①	12	②	16	③	8	④	7	⑤	3	⑥	1	⑦	0
⑧	3	⑨	13	⑩	0	⑪	4	⑫	6	⑬	3	⑭	6
⑮	0	⑯	2	⑰	7	⑱	4	⑲	2	⑳	2	㉑	0
㉒	1	㉓	3	㉔	15	㉕	1	㉖	0	㉗	3	㉘	9
㉙	7	㉚	5	㉛	11	㉜	1	㉝	0	㉞	0	㉟	1

Worksheet 75

(1) 1	(2) 11	(3) 8	(4) 1	(5) 14	(6) 2	(7) 14
(8) 11	(9) 15	(10) 15	(11) 1	(12) 1	(13) 4	(14) 15
(15) 2	(16) 3	(17) 2	(18) 1	(19) 10	(20) 4	(21) 18
(22) 2	(23) 16	(24) 2	(25) 13	(26) 1	(27) 0	(28) 11
(29) 11	(30) 4	(31) 2	(32) 7	(33) 16	(34) 1	(35) 3

Worksheet 76

(1) 11	(2) 2	(3) 2	(4) 3	(5) 0	(6) 2	(7) 0
(8) 2	(9) 3	(10) 16	(11) 5	(12) 1	(13) 2	(14) 2
(15) 8	(16) 11	(17) 0	(18) 1	(19) 7	(20) 2	(21) 0
(22) 4	(23) 6	(24) 0	(25) 5	(26) 8	(27) 15	(28) 4
(29) 4	(30) 13	(31) 2	(32) 5	(33) 2	(34) 8	(35) 0

Worksheet 77

(1) 2	(2) 1	(3) 4	(4) 1	(5) 2	(6) 3	(7) 15
(8) 5	(9) 0	(10) 17	(11) 0	(12) 1	(13) 1	(14) 9
(15) 6	(16) 4	(17) 10	(18) 2	(19) 6	(20) 1	(21) 12
(22) 1	(23) 14	(24) 3	(25) 11	(26) 1	(27) 1	(28) 4
(29) 9	(30) 1	(31) 9	(32) 3	(33) 1	(34) 9	(35) 1

Worksheet 78

(1) 1	(2) 3	(3) 3	(4) 3	(5) 2	(6) 2	(7) 0
(8) 8	(9) 2	(10) 3	(11) 11	(12) 11	(13) 10	(14) 11
(15) 0	(16) 13	(17) 5	(18) 14	(19) 9	(20) 0	(21) 2
(22) 4	(23) 9	(24) 4	(25) 11	(26) 6	(27) 4	(28) 8
(29) 2	(30) 1	(31) 0	(32) 5	(33) 6	(34) 8	(35) 10

Worksheet 79

(1) 0	(2) 3	(3) 0	(4) 17	(5) 0	(6) 9	(7) 11
(8) 5	(9) 1	(10) 8	(11) 1	(12) 9	(13) 2	(14) 4
(15) 7	(16) 2	(17) 5	(18) 2	(19) 2	(20) 4	(21) 7
(22) 3	(23) 6	(24) 2	(25) 0	(26) 2	(27) 5	(28) 4
(29) 10	(30) 7	(31) 11	(32) 2	(33) 9	(34) 11	(35) 0

Worksheet 80

①	16	②	2	③	14	④	3	⑤	1	⑥	4	⑦	3
⑧	3	⑨	0	⑩	15	⑪	19	⑫	2	⑬	5	⑭	6
⑮	2	⑯	6	⑰	1	⑱	1	⑲	0	⑳	5	㉑	9
㉒	3	㉓	9	㉔	3	㉕	13	㉖	3	㉗	9	㉘	4
㉙	5	㉚	17	㉛	1	㉜	7	㉝	9	㉞	18	㉟	12

Worksheet 81

①	6	②	11	③	14	④	7	⑤	3	⑥	13	⑦	2
⑧	11	⑨	5	⑩	7	⑪	3	⑫	8	⑬	3	⑭	3
⑮	9	⑯	5	⑰	5	⑱	4	⑲	5	⑳	14	㉑	8
㉒	4	㉓	2	㉔	3	㉕	5	㉖	5	㉗	8	㉘	5
㉙	3	㉚	13	㉛	9	㉜	7	㉝	3	㉞	4	㉟	6

Worksheet 82

①	6	②	5	③	3	④	2	⑤	3	⑥	9	⑦	6
⑧	3	⑨	14	⑩	8	⑪	5	⑫	8	⑬	2	⑭	16
⑮	3	⑯	6	⑰	5	⑱	3	⑲	6	⑳	8	㉑	4
㉒	8	㉓	10	㉔	2	㉕	15	㉖	2	㉗	6	㉘	9
㉙	17	㉚	14	㉛	6	㉜	2	㉝	3	㉞	4	㉟	8

Worksheet 83

①	5	②	3	③	15	④	14	⑤	2	⑥	4	⑦	4
⑧	7	⑨	12	⑩	5	⑪	5	⑫	2	⑬	11	⑭	5
⑮	4	⑯	3	⑰	4	⑱	12	⑲	5	⑳	2	㉑	13
㉒	3	㉓	2	㉔	5	㉕	4	㉖	10	㉗	4	㉘	7
㉙	3	㉚	8	㉛	8	㉜	5	㉝	12	㉞	7	㉟	3

Worksheet 84

①	11	②	8	③	12	④	4	⑤	4	⑥	13	⑦	2
⑧	6	⑨	2	⑩	10	⑪	10	⑫	15	⑬	3	⑭	4
⑮	2	⑯	2	⑰	2	⑱	16	⑲	2	⑳	2	㉑	5
㉒	12	㉓	8	㉔	5	㉕	9	㉖	13	㉗	12	㉘	5
㉙	4	㉚	8	㉛	2	㉜	2	㉝	2	㉞	6	㉟	5

Worksheet 85

① 3	② 10	③ 13	④ 9	⑤ 3	⑥ 14	⑦ 2
⑧ 6	⑨ 3	⑩ 17	⑪ 3	⑫ 5	⑬ 2	⑭ 2
⑮ 7	⑯ 5	⑰ 5	⑱ 7	⑲ 4	⑳ 7	㉑ 3
㉒ 2	㉓ 12	㉔ 5	㉕ 14	㉖ 2	㉗ 15	㉘ 8
㉙ 5	㉚ 2	㉛ 3	㉜ 4	㉝ 10	㉞ 2	㉟ 3

Worksheet 86

① 2	② 3	③ 3	④ 5	⑤ 12	⑥ 4	⑦ 13
⑧ 9	⑨ 10	⑩ 7	⑪ 14	⑫ 5	⑬ 2	⑭ 2
⑮ 3	⑯ 9	⑰ 2	⑱ 2	⑲ 12	⑳ 10	㉑ 4
㉒ 12	㉓ 8	㉔ 4	㉕ 7	㉖ 3	㉗ 2	㉘ 2
㉙ 3	㉚ 6	㉛ 8	㉜ 12	㉝ 13	㉞ 7	㉟ 3

Worksheet 87

① 2	② 5	③ 2	④ 16	⑤ 5	⑥ 8	⑦ 6
⑧ 3	⑨ 3	⑩ 7	⑪ 6	⑫ 4	⑬ 2	⑭ 9
⑮ 4	⑯ 11	⑰ 8	⑱ 4	⑲ 7	⑳ 4	㉑ 7
㉒ 10	㉓ 8	㉔ 2	㉕ 13	㉖ 3	㉗ 7	㉘ 5
㉙ 2	㉚ 13	㉛ 4	㉜ 2	㉝ 3	㉞ 2	㉟ 10

Worksheet 88

① 7	② 2	③ 10	④ 8	⑤ 11	⑥ 2	⑦ 2
⑧ 2	⑨ 2	⑩ 12	⑪ 2	⑫ 9	⑬ 6	⑭ 2
⑮ 3	⑯ 5	⑰ 4	⑱ 3	⑲ 7	⑳ 3	㉑ 6
㉒ 2	㉓ 4	㉔ 11	㉕ 4	㉖ 11	㉗ 2	㉘ 3
㉙ 3	㉚ 7	㉛ 3	㉜ 7	㉝ 5	㉞ 6	㉟ 3

Worksheet 89

① 7	② 7	③ 5	④ 8	⑤ 5	⑥ 3	⑦ 4
⑧ 4	⑨ 2	⑩ 4	⑪ 4	⑫ 5	⑬ 3	⑭ 4
⑮ 11	⑯ 17	⑰ 9	⑱ 4	⑲ 7	⑳ 17	㉑ 9
㉒ 7	㉓ 2	㉔ 4	㉕ 17	㉖ 9	㉗ 4	㉘ 9
㉙ 2	㉚ 2	㉛ 8	㉜ 2	㉝ 9	㉞ 2	㉟ 3

Worksheet 90

①	2	②	10	③	2	④	6	⑤	4	⑥	5	⑦	2
⑧	3	⑨	3	⑩	2	⑪	5	⑫	7	⑬	6	⑭	6
⑮	4	⑯	17	⑰	9	⑱	10	⑲	4	⑳	4	㉑	2
㉒	2	㉓	11	㉔	2	㉕	3	㉖	2	㉗	4	㉘	4
㉙	3	㉚	4	㉛	5	㉜	12	㉝	10	㉞	5	㉟	3

Worksheet 91

①	15	②	14	③	3	④	3	⑤	2	⑥	12	⑦	9
⑧	5	⑨	16	⑩	3	⑪	11	⑫	2	⑬	8	⑭	5
⑮	14	⑯	4	⑰	3	⑱	11	⑲	4	⑳	3	㉑	6
㉒	3	㉓	2	㉔	10	㉕	2	㉖	5	㉗	6	㉘	13
㉙	3	㉚	9	㉛	6	㉜	15	㉝	6	㉞	2	㉟	8

Worksheet 92

①	3	②	7	③	8	④	5	⑤	3	⑥	2	⑦	2
⑧	2	⑨	10	⑩	13	⑪	3	⑫	4	⑬	2	⑭	8
⑮	9	⑯	14	⑰	8	⑱	2	⑲	4	⑳	14	㉑	6
㉒	7	㉓	2	㉔	3	㉕	2	㉖	5	㉗	2	㉘	2
㉙	7	㉚	2	㉛	3	㉜	4	㉝	5	㉞	2	㉟	5

Worksheet 93

①	8	②	4	③	8	④	3	⑤	2	⑥	9	⑦	5
⑧	3	⑨	9	⑩	8	⑪	14	⑫	8	⑬	10	⑭	5
⑮	14	⑯	3	⑰	3	⑱	4	⑲	6	⑳	3	㉑	2
㉒	2	㉓	8	㉔	2	㉕	3	㉖	6	㉗	2	㉘	2
㉙	3	㉚	4	㉛	12	㉜	7	㉝	2	㉞	7	㉟	3

Worksheet 94

①	3	②	6	③	2	④	5	⑤	5	⑥	2	⑦	9
⑧	10	⑨	3	⑩	2	⑪	6	⑫	8	⑬	5	⑭	7
⑮	2	⑯	2	⑰	3	⑱	3	⑲	2	⑳	2	㉑	15
㉒	4	㉓	9	㉔	2	㉕	3	㉖	5	㉗	4	㉘	7
㉙	12	㉚	8	㉛	12	㉜	3	㉝	10	㉞	7	㉟	8

Worksheet 95

① 2	② 2	③ 9	④ 4	⑤ 7	⑥ 3	⑦ 4
⑧ 10	⑨ 2	⑩ 2	⑪ 4	⑫ 7	⑬ 4	⑭ 3
⑮ 3	⑯ 4	⑰ 5	⑱ 13	⑲ 4	⑳ 11	㉑ 6
㉒ 5	㉓ 6	㉔ 3	㉕ 9	㉖ 2	㉗ 2	㉘ 2
㉙ 3	㉚ 4	㉛ 5	㉜ 10	㉝ 2	㉞ 5	㉟ 11

Worksheet 96

① 3	② 4	③ 2	④ 11	⑤ 3	⑥ 8	⑦ 3
⑧ 7	⑨ 2	⑩ 2	⑪ 6	⑫ 3	⑬ 15	⑭ 3
⑮ 6	⑯ 4	⑰ 3	⑱ 7	⑲ 7	⑳ 3	㉑ 5
㉒ 5	㉓ 5	㉔ 3	㉕ 2	㉖ 8	㉗ 6	㉘ 14
㉙ 2	㉚ 2	㉛ 9	㉜ 6	㉝ 11	㉞ 2	㉟ 10

Worksheet 97

① 6	② 4	③ 5	④ 11	⑤ 4	⑥ 6	⑦ 10
⑧ 9	⑨ 3	⑩ 6	⑪ 4	⑫ 2	⑬ 3	⑭ 2
⑮ 8	⑯ 5	⑰ 6	⑱ 3	⑲ 2	⑳ 2	㉑ 7
㉒ 8	㉓ 13	㉔ 3	㉕ 8	㉖ 7	㉗ 2	㉘ 4
㉙ 9	㉚ 2	㉛ 7	㉜ 2	㉝ 5	㉞ 11	㉟ 3

Worksheet 98

① 4	② 2	③ 4	④ 2	⑤ 3	⑥ 2	⑦ 6
⑧ 7	⑨ 17	⑩ 4	⑪ 11	⑫ 2	⑬ 7	⑭ 2
⑮ 3	⑯ 7	⑰ 3	⑱ 12	⑲ 4	⑳ 7	㉑ 9
㉒ 6	㉓ 7	㉔ 4	㉕ 7	㉖ 2	㉗ 9	㉘ 11
㉙ 2	㉚ 3	㉛ 2	㉜ 4	㉝ 5	㉞ 12	㉟ 7

Worksheet 99

① 2	② 11	③ 14	④ 11	⑤ 10	⑥ 8	⑦ 11
⑧ 3	⑨ 4	⑩ 3	⑪ 8	⑫ 4	⑬ 4	⑭ 5
⑮ 2	⑯ 4	⑰ 4	⑱ 10	⑲ 4	⑳ 4	㉑ 8
㉒ 3	㉓ 12	㉔ 3	㉕ 4	㉖ 6	㉗ 5	㉘ 7
㉙ 8	㉚ 3	㉛ 5	㉜ 5	㉝ 2	㉞ 2	㉟ 4

Worksheet   100

①	7	②	2	③	4	④	3	⑤	3	⑥	9	⑦	14
⑧	10	⑨	3	⑩	2	⑪	4	⑫	4	⑬	3	⑭	8
⑮	3	⑯	4	⑰	2	⑱	3	⑲	5	⑳	2	㉑	3
㉒	14	㉓	5	㉔	14	㉕	6	㉖	7	㉗	10	㉘	4
㉙	10	㉚	2	㉛	3	㉜	3	㉝	13	㉞	6	㉟	5

Did You Like This Book?

I searched online to find basic math worksheets like these, but wasn't satisfied with what I found. I made these math worksheets for my children and students. Then I put them together in this workbook so that they would be available to other parents and teachers. Some of my objectives in making this workbook were:

- Including the answers at the back so parents or teachers could easily check the solutions.
- Numbering the exercises to make it easy to check the answers, and to allow teachers to assign groups of problems by number.
- Providing enough space for students to write their answers.
- Organizing the problems in a visually appealing way, and arranging the content so that the level of difficulty grows as the book progresses.
- Having designated room for students to write their name, and for parents or teachers to record the score and time.
- Making the book affordable. I hope that you believe this workbook to be a good value.

I hope that you found this workbook to be useful. I would be very appreciative of any feedback that you may choose to leave at www.amazon.com. This would also be very helpful for any other parents or teachers who are searching for math workbooks.

Thank You,
Anne Fairbanks

Made in the USA
San Bernardino, CA
23 May 2014